青年学者文丛

混合所有制改革与国有企业创新

冯璐 著

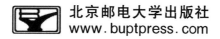
北京邮电大学出版社
www.buptpress.com

内容简介

国有企业承载着发展经济、吸收就业等诸多功能,为我国的经济腾飞做出了巨大贡献,同时也是新时期经济转型的稳定器。2013年党的十八届三中全会以来,积极发展混合所有制经济成为国企改革的主旋律。如何对国企开展多维度的深化改革,如何提高国企的创新效率,是我国未来结构性转型与经济持续增长的核心问题。本书试图从公司治理视角切入,探讨国企混合所有制改革对其创新效率的影响,并从混合所有制改革的产权制度安排、治理结构调整、国企与民企发展的相互关系以及资本市场对国企创新决策的影响等多个维度,逐层解答混合所有制改革中遇到的现实问题。书中汇聚了作者多年科研工作的结论和观点,集中阐述了国企混合所有制改革的一些理论和经验证据,以期更好地为我国未来国有企业改革与创新转型提供理论依据和实践参考。

图书在版编目(CIP)数据

混合所有制改革与国有企业创新 / 冯璐著. -- 北京:北京邮电大学出版社,2022.8
ISBN 978-7-5635-6719-5

Ⅰ. ①混⋯　Ⅱ. ①冯⋯　Ⅲ. ①国有企业—混合所有制—企业改革—研究—中国　Ⅳ. ①F279.241

中国版本图书馆 CIP 数据核字(2022)第 141644 号

策划编辑:刘纳新　姚顺　　责任编辑:姚顺　陶恒　　责任校对:张会良　　封面设计:七星博纳

出版发行	北京邮电大学出版社
社　　址	北京市海淀区西土城路 10 号
邮政编码	100876
发 行 部	电话:010-62282185　传真:010-62283578
E-mail	publish@bupt.edu.cn
经　　销	各地新华书店
印　　刷	唐山玺诚印务有限公司
开　　本	720 mm×1 000 mm　1/16
印　　张	12.75
字　　数	209 千字
版　　次	2022 年 8 月第 1 版
印　　次	2022 年 8 月第 1 次印刷

ISBN 978-7-5635-6719-5　　　　　　　　　　　　　定价:48.00 元

·如有印装质量问题,请与北京邮电大学出版社发行部联系·

前　言

随着经济增速的回落,国有企业大量、重复地投入低成本要素的模式日渐式微,创新能力不足、治理效率低下等体制性症结逐步凸显。2013年党的十八届三中全会提出积极发展混合所有制经济,以全面深化国有企业改革。本书试图从公司治理视角切入,探讨国有企业混合所有制改革对创新活动的影响,提出了以下四个相互关联、逐层递进的问题。

首先,混合所有制改革是否促进了国有企业创新?本书第3章利用双重差分法,并通过一个外生的准自然试验(2005年股权分置改革使大量国有资本退出上市公司)处理内生性问题。结果显示,股权分置改革通过缓解控股股东和小股东之间的代理冲突、提高股价信息含量和定价效率以及增强股东之间的风险分担三种机制,对企业创新产生了显著的正向影响。

其次,国有资本的配置在国有部门和民营部门有何差异?近几年提到的"竞争中性"对国有企业改革有何启示意义?本书第4章在一般均衡框架下构建理论模型,从微观视角考察国有资本功能在国有、民营两部门中的差异,讨论"双循环"战略下如何有效配置国有资本,以推动竞争中性框架的建立。研究表明:国有资本在理论上具有正向的经济效率并可促进企业积极承担社会责任,但经验证据显示其经济效率偏低,且在国有部门和民营部门有较大差异。国有资本在国有部门和私营部门差异化的功能和经济效率验证了民营企业仍处于非中性的竞争环境,双循环格局可在上游垄断性部门中引入民营资本和竞争机制,在下游竞争性行业中则深化混合所有制改革,以提高国企效率,释放出因国有部门过度举债而挤占的私营部门投资空间,健全国有资本要素的市场化配置,给予民营企业竞争中性的平等国民待遇。

再次,在股权混合所有制的前提下,非国有股东参与公司治理能促进国有企业创新吗?本书第5章以手工整理的A股上市公司2008—2017年的非国有股东委派董事数据为样本,对混合所有型董事会[①]对企业创新的影响及作用机制进行了实证检验。结果表明,在控制股权结构的前提下,非国有股东参与公司治理促进了企业创新。当企业所处的行业竞争程度较高、所在地区市场化程度较高以及面临较低的政策不确定性时,混合所有型董事会对企业创新的促进作用更强。进一步的机制检验表明,非国有股东通过缓解企业大股东与小股东之间的代理问题,发挥了治理效应,使管理层对创新失败的容忍度大大提高;同时,增加了企业与企业、科研机构和高校协同合作的研发性支出,收缩了国有企业原有的跨行业并购业务,增强了核心业务竞争力。以上机制使企业在短期内放弃了部分可获得超额利润的业务,但增加了企业的成长潜力和长期价值。

最后,企业创新受外部资本市场定价效率的影响,加上中国资本市场股价的异常波动,股价高估是否影响企业创新决策就成了一个重要问题。本书第6章以A股上市公司2002—2016年的数据为样本,创新性地运用锚定比率衡量股价高估,对此问题进行了检验。结果表明:锚定比率显著地降低了企业未来的专利产出。锚定比率对企业专利产出的负面影响在公司估值水平较高、股票超额换手率较高、会计盈余较高时更为明显。不仅如此,锚定比率提高了股权融资的概率,但也加剧了企业的过度投资。股价压力引发了管理层短视,使得资源更多地投入到资本支出中,进而不利于企业创新。

基于以上实证分析,本书的政策含义如下。

第一,混合所有制改革的关键是打破行业准入壁垒和行政性垄断,使国有资本和民营资本充分竞争,国有资本完全可以在竞争性领域发挥引导作用,而民营企业可以进入上游行业稀释超额利润。

第二,要进一步推进我国的市场化进程,构建更加公平、开放的市场环境;同时,国有资本定位应该以不挤出民间资本为原则,为民营企业提供竞争中性的、与

[①] 混合所有型董事会指国有股东和民营股东共同参与治理的董事会形式。

国有企业无差别或少差别的国民待遇,释放出因国有部门过度投资而挤占的民营部门投资空间,促进国内经济大循环。

第三,非国有股东治理应注意在不同行业中推进的顺序,首先考虑竞争程度较高、进入壁垒较低的行业。

第四,政府应营造稳定的政策环境,降低不确定性使民营股东产生的恐慌感;此外,监管机构应完善市场定价机制、减少股价泡沫,这会对促进企业创新有一定的积极作用,也会对如何利用资本市场更好地服务实体经济创新有一定的启示作用。

本书内容为作者多年科研工作的成果,同时,本书的写作受益于诸多教授和学者的指导,特别感谢王曙光教授、邹燕副教授、段志明博士、张泠然博士等人的辛勤付出,在此向他们表示感谢。书中难免有不妥之处,恳请读者批评指正。

作　者

目　　录

第 1 章　绪论 …………………………………………………………… 1

  1.1　研究背景与研究意义 ………………………………………… 1

  1.2　研究对象及界定 ……………………………………………… 4

    1.2.1　国有企业改革 …………………………………………… 4

    1.2.2　混合所有制经济 ………………………………………… 5

    1.2.3　企业创新 ………………………………………………… 7

  1.3　研究框架和研究方法 ………………………………………… 8

    1.3.1　研究框架 ………………………………………………… 8

    1.3.2　研究方法 ………………………………………………… 9

  本章参考文献 ……………………………………………………… 10

第 2 章　国企改革的理论基础与文献综述 ………………………… 12

  2.1　理论基础 ……………………………………………………… 12

    2.1.1　委托代理理论 …………………………………………… 12

    2.1.2　资源依赖理论 …………………………………………… 14

    2.1.3　熊彼特假说 ……………………………………………… 15

2.2 文献综述 ·· 16
  2.2.1 混合所有制改革与企业绩效研究综述 ······················ 16
  2.2.2 混合所有制改革与公司治理研究综述 ······················ 19
  2.2.3 企业创新的影响因素研究综述 ································ 20
  2.2.4 公司治理对企业创新的影响研究综述 ······················ 21
本章参考文献 ·· 23

第3章 混合所有制改革提高了国有企业的创新能力吗？——基于我国股权分置改革准自然试验的证据 ············ 35

3.1 引言 ·· 35
3.2 文献回顾与制度背景 ·· 39
  3.2.1 文献回顾 ·· 39
  3.2.2 2005年股权分置改革的背景 ·································· 40
3.3 研究设计 ·· 41
  3.3.1 数据来源与样本选择 ··· 41
  3.3.2 变量定义与说明 ··· 42
  3.3.3 实证策略 ·· 44
3.4 实证检验结果及分析 ·· 46
  3.4.1 描述性分析 ·· 46
  3.4.2 基础回归结果分析 ··· 48
3.5 稳健性检验 ·· 53
3.6 进一步分析：可能的潜在机制 ··· 56
  3.6.1 改善第二类代理问题 ··· 56
  3.6.2 提高资本市场定价效率 ··· 60
  3.6.3 增强股东之间的风险分担 ····································· 63
3.7 本章结论及政策建议 ·· 67
本章参考文献 ·· 67

第4章 双循环格局下的竞争中性与国企改革
——来自国有资本差异化功能的证据 ······ 71

- 4.1 引言 ······ 71
- 4.2 文献回顾 ······ 73
- 4.3 基于一般均衡框架的理论模型构建 ······ 74
- 4.4 实证分析 ······ 78
  - 4.4.1 数据来源与变量说明 ······ 78
  - 4.4.2 模型设定 ······ 82
  - 4.4.3 描述性统计 ······ 82
  - 4.4.4 实证回归结果与分析 ······ 83
- 4.5 国有部门:行政进入壁垒与引入民营投资者的混合所有制改革 ······ 91
  - 4.5.1 行政进入壁垒与市场竞争程度的分行业检验 ······ 91
  - 4.5.2 混合所有制改革的方向:低行政进入壁垒行业引入民营战略投资者 ······ 94
- 4.6 民营部门:国有资本的非市场化资源兑换功能和非中性竞争 ······ 97
  - 4.6.1 国有资本在民营企业中的作用:税负和融资约束 ······ 97
  - 4.6.2 民营企业处于非中性竞争的证据:国有部门对私营部门的挤出效应 ······ 99
- 4.7 本章结论及政策建议 ······ 101
- 本章参考文献 ······ 102

第5章 非国有股东治理与企业创新:监督制衡还是短视逐利? ······ 106

- 5.1 引言 ······ 106
- 5.2 理论分析与假说提出 ······ 108
  - 5.2.1 委托代理问题与国有企业创新 ······ 108
  - 5.2.2 行业行政进入壁垒与国有企业创新 ······ 110
  - 5.2.3 经济政策不确定性与国有企业创新 ······ 111

5.3 研究设计	112
5.3.1 数据来源与样本选择	112
5.3.2 回归模型与变量说明	113
5.4 实证检验结果及分析	116
5.4.1 描述性统计	116
5.4.2 基准回归结果	118
5.4.3 行业准入门槛对非国有股东治理与企业创新关系的影响	120
5.4.4 经济政策不确定性对非国有股东治理与企业创新关系的影响	121
5.4.5 内生性问题	123
5.4.6 稳健性检验	128
5.5 机制分析	131
5.5.1 改善第二类代理问题	131
5.5.2 提高创新失败容忍度	133
5.5.3 收缩跨行业并购,增加创新投入	135
5.5.4 增加企业与企业、科研机构和高校的协同研发投入	137
5.6 本章结论及政策建议	139
本章参考文献	140

第6章 股价高估与企业创新:缓解融资约束还是加剧管理层短视 …… 144

6.1 引言	144
6.2 理论分析与研究假说	148
6.2.1 "缓解融资约束"假说	148
6.2.2 "加剧管理层短视"假说	149
6.3 研究设计	151
6.3.1 样本选择与数据来源	151
6.3.2 变量的选取与说明	151
6.3.3 研究模型	153

6.4 实证结果分析 …………………………………………… 153
　　6.4.1 描述性统计 ………………………………………… 153
　　6.4.2 锚定比率衡量股价高估的合理性 ………………… 154
　　6.4.3 股价高估与企业创新产出关系的基准回归结果 …… 156
　　6.4.4 稳健性分析和内生性检验 ………………………… 158
6.5 异质性分析 …………………………………………… 164
6.6 进一步分析:股价高估抑制企业创新的机制 ………… 168
6.7 本章结论、政策建议与局限性 ………………………… 172
本章参考文献 ……………………………………………… 173

附录 ……………………………………………………………… 179

第1章 绪　　论

1.1　研究背景与研究意义

创新是国家经济增长的驱动力和保持长期竞争优势的决定性因素,是中国经济可持续增长的关键。自 2006 年建设创新型国家这一目标提出以来[①],我国政府对创新给予了高度重视。党的十八大报告明确提出实施创新驱动发展战略,强调"科技创新是提高社会生产力和综合国力的战略支撑,必须摆在国家发展全局的核心位置"。

特别地,企业作为一国创新的微观主体,其创新意愿以及创新绩效对提升国家整体的创新水平至关重要。长期以来,国有企业承担了大量的国家战略任务与发挥了政策性作用,对中国经济的飞速发展和社会稳定作出了巨大贡献。可以说,国有企业的创新能力直接关系到我国创新驱动转型的成败;国有企业能否持续地推进改革和制度创新,成为我国经济能否保持增长、获得竞争优势的决定性因素。Cheremukhin et al. (2015)曾指出,有两个要素对中国经济增长的影响巨大,一是

---

① 2006 年 1 月 9 日,原国家主席胡锦涛在全国科学技术大会上宣布,到 2020 年,使我国的自主创新能力显著增强,科技促进经济社会发展和保障国家安全的能力显著增强,基础科学和前沿技术研究综合实力显著增强,取得一批在世界具有重大影响的科学技术成果,进入创新型国家行列,为全面建设小康社会提供强有力的支撑。

城乡改革,二是国有企业改革。然而,国有企业原有的低价使用要素和大量、重复投入的模式已然衰退,治理效率不高、代理冲突等问题依然突出,创新驱动转型不足掣肘国有企业创新。那么,国有企业改革到底如何影响企业的治理效率和创新能力?何种形式的混合所有制股权结构最能满足企业的创新需求?什么方式的混合所有制改革更能激发企业的创新动力?以及当企业面临市场信息中介的信息披露时,公司治理机制能否保护企业的创新计划?这些都是本书试图探寻的问题。

实际上,要想回答上述问题,首先需要梳理国企改革的历史脉络,理解其改革的内在逻辑,并结合创新活动的特点,分析国企改革的方向能否支持改革顺利开展。

历史上,国有企业改革作为一种制度创新,与我国每一阶段的经济增长密切相关。国有企业改革主要分为四个阶段。一是1978—1992年的改革开放试验和探索阶段,主要解决统收统支的计划经济体制下国有企业缺乏积极性的问题。二是1993—2002年的探索和建立现代企业制度阶段,旨在建立产权清晰、权责明确的现代企业制度。三是2003—2013年的重点建设现代企业制度阶段,"抓大放小",即做大做强大型国企,放手中小型国企进行市场化改革。四是2013年至今的混合所有制阶段,重点使国有资本保值增值、提高竞争力。

从国有企业改革的内在逻辑来说,其改革思路大致有三种。第一种思路是国企转制为民企,以张维迎等学者为代表。他们认为,国企效率低下的根本原因在于实际所有者缺位带来高昂的代理成本,剩余控制权和剩余索取权的不对称导致激励不足。因此,国有企业改革的出路是民营化。第二种思路是自生能力论,以林毅夫等人为代表。他们认为国企产权归属是清晰的,国企的问题在于战略性和社会性政策负担太重。因此,国有企业改革的方向在于剥离政策性负担,培养自生能力(viability),创造公平竞争的市场环境。第三种思路是混合所有制。如果说国企民营化和自生能力论代表了国企改革的两种极端,那么混合所有制可以看成介于二者的中间形式。

可见,混合所有制改革(以下简称"混改")实际上兼顾了前两种改革的诉求——代理冲突和政府干预。考虑原来的一些关乎国计民生的关键性领域已经转变为竞争性领域,混改更是要在各个领域进一步转让企业的自主经营权,摆脱政府干预,让非国有股东真正发挥治理作用;缓解代理冲突,做真正有助于企业价值增长的决策,提高企业的核心竞争力。

有趣的是,上述改革方向与企业创新活动的自身特点十分契合。与常规投资项目不同,创新项目需经历一个充满不确定性而且失败可能性极高的长期过程。因此,培育与促进企业创新需要一个能容忍短期失败与风险的内外部环境(Holmstrom,1989;Manso,2011;Tian et al.,2014)。可见,创新活动本身的特点决定了它和传统的薪酬与业绩挂钩的激励制度并不匹配(Holmstrom,1989)。Manso(2011)的理论研究表明,薪酬契约要能激励创新应同时具备两个特点——容忍短期失败和激励长期业绩。管理者与股东在代理冲突下,很可能倾向于投资那些短期内容易获利的项目,规避风险,放弃那些短期需要大量投入、回报具有不确定性,但长期对企业价值有利的创新决策(Bertrand et al.,2003)。不仅如此,即使管理者有承担失败风险的意愿,破除阻力大胆创新,也要面对代理冲突下公司内外部环境对创新计划失败的容忍度,换句话说,管理层的创新甚至是冒险精神,不一定能得到股东或投资人的认可,反而经常因为信息的不对称性,股东或投资人不愿追加投资而形成融资约束等困境。

因此,本书以国有企业混合所有制改革与微观企业创新为主线,并考虑市场信息披露对创新活动的影响,提出了以下四个相互关联又逐层递进、互为补充的关系。

首先,国有企业民营化对企业创新决策是否有利?混合所有制的企业形式与企业创新是否具有因果关系?已有文献中对于国有企业民营化或者说混合所有制的企业形态与创新产出之间到底是否具有因果关系,并没有一个确定的答案。本书第3章探讨了以上备受争论的话题,为国有企业混合所有制改革进程的实际效果提供了新的思路,并对决策者具有一定的政策含义。

其次,如果说上述企业内部的国有股权改革是混合所有制经济在微观层面的体现形式,那么它在宏观层面则体现为不同所有制成分在不同行业和经济领域共存的经济形态。如何平衡国有资本和民营资本的关系,是重要的改革方向。

2020年7月30日的中央政治局会议首次提出了"双循环"战略,提出要加快形成以国内大循环为主体、国内国际双循环相互促进的新发展格局。这意味着国企改革和国资配置要与加快促进国内统一大市场、进一步扩大内需相匹配。因此,需在宏观层面上促进国有资本与民营资本的互补互惠发展,提高国有资本的配置效率。那么,应如何营造竞争中性的环境、为民营企业投资释放空间?应如何有针对性地深化国企改革以提高国有资本的经济效率、扫除资本配置障碍?这都是双循环格局下有关国资部署与国企改革的重要话题。本书第4章对上述问题给出了回答。

再次,何种方式的混合所有制改革对企业创新更有效?要想"真混真改",除了在股权层面国有和民营交叉持股,更深入地,是从董事会入手,实际参与公司的经营和治理,改善国企痼疾。那么,现阶段的混合所有制改革是否深入了董事会治理的层面?如果非国有股东被引入国企治理,那么混合所有型董事会能否提高企业的创新产出?其作用机制是什么?本书第5章就以上问题给出了解答。

最后,企业的创新决策不仅易受外部改革政策和内部治理的影响,还会受到资本市场的影响。本书第6章聚焦于外部资本市场定价效率对微观企业创新决策的影响,探究资本市场股价波动对国有企业创新决策和创新效率的作用机制,重点解决了以下问题:(1)如何科学度量资本市场的股价高估问题?(2)股价高估如何影响国有企业的创新效率和行为?(3)股价高估影响企业创新决策的作用机制是什么?

1.2 研究对象及界定

1.2.1 国有企业改革

如上所述,我国历史上的国有企业改革包括四个阶段。国有企业改革的具体措施包括:在第一阶段,为解决统收统支的计划经济体制下缺乏积极性的问题,国企采取放权让利、打破僵化体制等措施,从而有了拨改贷、利改税以及承包制,使其经营效率不断提高;在第二阶段,主要目标是"建立适应市场经济要求,产权清晰、权责明确、政企分开、管理科学的现代企业制度";在第三阶段,在"抓大放小"的国企改革新举措下,中小型国企的民营化基本完成,以建立现代企业制度为主要内容的大中型国企改革成为重点;在第四阶段,"混合所有制"迅速成为国企改革和公司治理领域的中心议题之一。党的十九大报告提出,"深化国有企业改革,发展混合所有制经济,培育具有全球竞争力的世界一流企业""推动国有资本做强做优做大",并指出改革国有资本授权经营体制,实现由管资产向管资本的转变,通过混合所有制改革,真正提高国有资本的配置和运营效率。随后,中央连续出台的《中共中央、国务院关于深化国有企业改革的指导意见》《关于国有企业发展混合所有制经济的意见》等多个配套文件都有内容涉及或者有专门内容力推国有企业混合所有制改革。2017年的政府工作报告更为具体地提出了要"深化混合所有制改革,在电力、石油、天然气、铁路、民航、电信、军工等领域迈出实质性步伐"。这标志着此项改革正在进入一个崭新的阶段。从历史脉络来看,国企改革的总体趋势是在各个领域,降低准入门槛,逐步将自主经营权真正转交给企业,完成所有权和经营权的分离,改善代理问题。

这衍生了学术界关于国企改革的三种主要研究思路。第一种思路是国企转制为民企。Wei et al.(2003)、刘小玄等(2005)、宋立刚等(2005)、胡一帆等(2006)发现,改制后企业的资产使用率、利润率以及劳动生产率都有了显著的提升。第二种思路是自生能力论。刘慧龙等(2014)使用1994—2004年改制上市的国企样本,研究了政策性负担的处置对国企改制绩效的影响,发现改制后政策性负担仍然比较重的国企在上市之后业绩相对较差。第三种思路是混合所有制。党的十八届三中全会对混合所有制改革的操作思路明确了方向:积极发展混合所有制经济。相互融合的混合所有制经济有利于国有资本放大功能、保值增值、提高竞争力。鼓励非公有制企业参与国有企业改革,鼓励发展非公有资本控股的混合所有制企业,认可其为社会主义初级阶段基本经济制度的实现形式。至此,国有企业混合所有制改革更为清晰地被纳入全面深化改革的顶层框架,成为解放生产力、解决可持续发展难题的关键环节。

1.2.2 混合所有制经济

一般来说,混合所有制经济有两个层面的含义,在宏观层面表现为一个国家或地区内不同所有制成分共同存在的经济形态,在微观层面则体现为微观企业内部多种所有制主体并存的经济形式。早在改革的初期,我国就开始了宏观意义上的混合所有制改革。1984—1989年国有企业改革围绕着"扩大国有企业自主经营权"与实施"承包制"展开,虽然这一阶段国有企业的所有权结构未出现显著的变化,但值得注意的是,集体企业特别是乡镇企业获得了快速的发展,部分注册为集体企业却由私人实际控制的"红帽子企业"在民营经济的发展中扮演了重要角色。1993年,党的十四届三中全会提出了建设"社会主义市场经济体制",其中"建立适应市场经济要求,产权清晰、权责明确、政企分开、管理科学的现代企业制度"成为针对国企改革的重要政策指向。而1994年《中华人民共和国公司法》的实施则为国有企业改革提供了强有力的法律保障。在该法律框架下,国有企业纷纷进行"公司化"改制,依企业背景和规模大小等因素分别改制为股份有限公司或有限责任公司,公司制企业得到迅速发展,而集体企业数量则大幅缩减。"公司化"的直接结果是原企业的产权结构调整可以通过股份买卖的形式进行。2000年前后,为摆脱国有企业整体经营低迷的局面,"抓大放小"被选定为国企改革的新举措,大型国有企业以"做大做强"为目标进行集团化改组,而中小型国有企业则通过产权交易被"推向"市场,走上了"民营化"[①]之路。

随着我国资本市场的逐步发展,更多的国有企业通过整体上市或部分上市,实现了股权的市场化交易与股权结构的多元化。其中,2005年的股权分置改革因解禁了非流通的国有股权而被看作"二次民营化"(Liao et al.,2014)。据国资委统计,截至2016年年底,中央企业集团及下属企业的混合所有制企业(含参股)占比达到了68.9%,省级国资委所出资企业及各级子企业(合并报表范围内)混合所有制企业占比达到了47%。由此可以看出,企业所有权结构的多元化是混合所有制经济发展的微观形态。

目前我们所称的"混合所有制改革",其实就是针对国有企业"一股独占"和"一股独大"的现实,意在通过非公有资本参股国有企业、首次公开上市、员工持股等方式,提高国有企业股权的多元性,促进各类所有制资本取长补短、共同发展的制度

[①] "民营化"的英译为"privatization",这意味着在西方语境中"私营化"与"民营化"含义一致,而我国学者对这一概念却有不同的理解。一部分学者以国有企业产权性质的变化来代表民营化,如宋立刚等(2005)、胡一帆等(2006)、李广子等(2010),他们的研究聚焦于企业产权制度的改革。另一部分学者则认为民营化并不局限于企业产权制度的变革,还可通过转换国有企业经营机制、发展非公有制经济,引入市场竞争机制来实现(林晓言,2006;叶林祥,2006),对外承包、特许经营等都是推动民营化的经营模式(李增田,2008)。民营化既可以指企业所有权结构或性质的改变,也可指经营机制的市场化,但单纯从其概念上还难以分清哪些变化可归因于产权变革,哪些变化可归因于其他改革措施。因此,民营化是一个含义较为宽泛且边界模糊的概念。

创新。这一制度创新虽然也伴随企业所有权结构的变化,但却与"民营化"具有质的不同:首先,部分国有企业的国有股份占比虽降低,有的甚至不占控股地位,但国有经济在国民经济中的主导作用不会改变,且其影响力会被放大,这与国外的"民营化"有着本质的不同;其次,股权混合是双向的,既有非公有资本参股国有企业,又有国有资本投资非国有企业,这又与以单向收购国有股份为特征的"民营化"有所区别;再次,我国国企混合所有制改革的目标是明晰的,即通过改善不同所有制资本的配置状况,提高资本利用效率;最后,改革的关键是通过股权结构的改革,推进那些阻碍国有资产经营效率提升的公司治理、国资运营监管及利益分配等体制机制的变革与重塑。

1.2.3 企业创新

创新是一种综合企业研发、生产、形成专利并产生价值等环节的具有较长周期的活动。创新对于企业的长期竞争优势至关重要。Porter(1992)表示:"为了在国际市场上有效竞争,一个国家的企业必须不断创新,提升其竞争优势,且需要对创新领域进行持续的研发投资。"然而,与大规模生产和营销等常规任务不同,创新涉及一个充满不确定性和有着高失败概率的长过程,创新过程是不可预测的和特殊的,有许多不可预见的突发事件。创新活动需要对失败有特殊的容忍度,而标准的绩效工资激励计划在激励或培育创新方面是无效的(Holmstrom,1989)。Manso(2011)明确地模拟了创新过程,以及探索新的未经测试的行动和开发知名行动之间的权衡,发现激励探索的最优契约包括短期内对失败的容忍度和长期内对成功的回报率。在创新项目上投入更多资金的公司可能会被迫只进行部分信息披露,并受到更大程度的信息不对称的影响,更有可能被股东低估,并面临更大的敌意收购风险。为了保护企业免受这种剥夺,管理者倾向于减少对创新的投资(在许多情况下是次优的),更多地致力于提供更快、更确定回报的日常工作,导致出现了典型的管理层短视问题。

企业的创新是一个相对抽象的概念,当前的文献主要从企业的研发投入以及专利申请活动两个方面来度量企业创新水平。然而,相对于研发投入,企业的专利申请活动被认为是企业创新活动更好的代理指标,因为专利衡量了企业创新活动的产出,同时也可以有效地度量企业创新研发活动的效率。若公司的创新研发能力不足,即便有更多的研发投入,也不代表企业的创新性更强。

尽管学者们度量企业创新的方式不尽相同,但我们在本书中采用专利申请活动来度量公司的创新水平。企业的专利相关数据来自国泰安中国经济金融研究数据库(CSMAR)、佰腾网企业专利数据库以及国家知识产权局数据库。这些数据库提供了从1998年到2018年的专利数据,数据包括申请人单位、专利被引用次数、专利的申请年份以及授权年份等。基于这些数据,我们从专利数量和专利被引用次数、不同类型单位(企业、院校及研究机构)共同申请的专利数目等维度来衡量企业的创新能力。其中专利数量(申请并获得授权)主要度量企业创新产出的数量,专利被引用次数,即后续年度中其他公司引用本公司专利的次数,则衡量企业创新产出的质量;对于缺少该指标的上市公司库,考虑发明专利是专利中对研发和创新要求较高的一种,我们则采用发明专利数量来度量创新产出的质量。

但有必要指出,采用专利申请活动来度量创新也有一定的局限性,尤其是不同行业的公司,其创新研发的密度和周期都会有所不同。例如,虽然医药公司可能在某一段时间内的专利申请数量较少,但这并不意味着这些医药公司比互联网等行业公司的创新水平低。专利申请虽然会得到法律上的保护,但也意味着要将技术细节予以公开,因此很多医药公司在新药物研制成功的初期并没有很大动力申请专利。当然,本书认为在充分控制了不同公司的行业及自身特征后,上述问题不会影响到本书的研究结论。

1.3 研究框架和研究方法

1.3.1 研究框架

本书从微观视角系统性地回答了国有企业混合所有制改革对企业创新的影响,具体来说,本书从混合所有制改革能否提高企业创新水平、混合所有制企业结构在不同行业的创新效率比较以及混合所有型董事会中非国有股东的参与3个层面展开讨论,并就企业面临的市场信息中介(分析师)追踪和分析师报告信息披露质量,讨论了由信息中介推高的股价对企业创新能力的影响,以期为国有企业混合所有制改革如何更好地促进创新、加速转型、提高企业核心竞争力提供一定的经验证据,也为当局和监管机构提供一定的政策建议。本书结构安排如下。

第 1 章为绪论,介绍了本书的缘起与相关经济背景,提出了本书的研究议题。

第 2 章为理论基础和文献综述,分别从委托代理理论、资源依赖理论以及熊彼特假说等方面对本书所依托的理论基础进行了梳理,并从混合所有制改革与企业绩效和公司治理、企业创新的影响因素以及公司治理对企业创新的影响等方面,对既有文献进行了详细的梳理与评述。

第 3 章到第 6 章为本书的理论建模及实证部分。第 3 章探讨了国有企业民营化对企业创新决策是否有利,以及混合所有制的企业形式与企业创新是否具有因果关系这一命题。第 4 章在一般均衡框架下构建理论模型,从微观视角考察了国有资本功能在国有、民营两部门中的差异,讨论了"双循环"战略下如何有效配置国有资本,以推动竞争中性框架的建立。第 5 章从国有企业的代理问题和非国有股东的治理效应视角,探讨了混合所有型董事会结构对企业创新的影响及作用机理,以期为国企混改和创新转型提供经验证据和政策建议。第 6 章讨论了资本市场的定价效率,尤其是股价高估如何影响企业创新,证明了完善市场定价机制、防止股价高估对促进企业创新有一定的积极作用,同时也对如何利用资本市场更好地服务实体经济有一定的启示作用。

1.3.2 研究方法

1. 文献与历史研究法

作者充分研读了转轨经济学、经济史相关文献,力图准确刻画我国国有企业改革以及混合所有制经济的深刻内涵,并从宏观视角和企业微观层面理解混合所有制改革的途径、方法和目的,考察它们对微观主体创新决策及产出的可能影响。因此,本书在第 3 章至第 6 章的核心章节写作中,力求实证结果与历史资料中的事实与逻辑能够相互印证,做到"史论结合"。

2. 计量经济学方法

本书利用企业微观数据查询系统、工业企业数据库、国家知识产权局数据库、WIND数据库、国泰安数据库(CSMAR)、锐思数据库(RESSET)以及佰腾网、东方财富网等获取微观数据，根据所要研究的问题，设计了多种计量分析方法。具体来说，本书第3章至第6章采用了最小二乘法(OLS)、倾向得分匹配法(PSM)、双重差分法(DID)、广义矩估计法(GMM)、精确断点回归法(RDD)、工具变量法、Heckman两阶段模型等，以及与部分方法搭配使用的方法（比如PSM-DID模型），利用国内上市公司的数据对模型进行回归验证。实证分析的结论一方面佐证了理论分析，同时也为本书的研究结论奠定了坚实的基础。关于每一种方法的具体运用，书中相应章节均作了具体介绍。

本章参考文献

胡一帆，宋敏，张俊喜，2006. 中国国有企业民营化绩效研究[J]. 经济研究，7：49-60.

刘慧龙，王成方，吴联生，2014. 决策权配置、盈余管理与投资效率[J]. 经济研究，49(8)：93-106.

刘小玄，李利英，2005. 企业产权变革的效率分析[J]. 中国社会科学，2:4-16.

宋立刚，姚洋，2005. 改制对企业绩效的影响[J]. 中国社会科学，2:17-31.

BERTRAND M, MULLAINATHAN S, 2003. Enjoying the Quiet Life? Corporate Governance and Managerial Preferences[J]. Journal of Political Economy，111(5)：1043-1075.

DEMIRCI I, HUANG J, SIALM C, 2019. Government debt and corporate leverage: international evidence[J]. Journal of Financial Economics，133(2)：337-356.

HOFF K, STIGLITZ J E, 2004. After the Big Bang? Obstacles to the emergence of the rule of law in post-communist societies[J]. American Economic Review,

94(3):756-763.

HOLMSTROM B, 1989. Agency costs and innovation[J]. Journal of Economic Behavior & Organization, 75(12): 305-327.

LIAO L, LIU B, WANG H, 2014. China's secondary privatization: perspectives from the split-share structure reform[J]. Journal of Financial Economics, 113(4): 500-518.

MANSO G, 2011. Motivating innovation[J]. Journal of Finance, 66(5): 1823-1860.

MEGGINSON W, 2010. Privatization and finance[J]. Annual Review of Financial Economics, 87(2):130-155

PORTER M, 1992. Capital disadvantage: America's failing capital investment system[J]. Harvard Business Review, 70(2): 65-82.

SOLOW R, 1957. Technological change and the aggregate production function [J]. Review of Economics and Statistics, 39(1): 312-320.

TIAN X, WANG T, 2014. Tolerance for failure and corporate innovation[J]. Review of Financial Studies, 27(12): 211-255.

WEI Z, VARELA O, 2003. State equity ownership and firm market performance: evidence from China's newly privatized firms[J]. Global Finance Journal, 14(1):65-82.

第 2 章　国企改革的理论基础与文献综述

2.1　理论基础

2.1.1　委托代理理论

西方传统委托代理理论主要是由 Coase(1993)、Jensen et al.(1976)、Fama et al.(1983)等提出来的,尔后又由众多的经济学家和公司治理专家加以扩充和发展,是一种较为成熟的公司治理问题分析框架。

剩余控制权与剩余索取权的分离及信息不对称是经理人委托代理问题产生的根源,理性的经理人为了追求自身利益最大化可能忽视甚至损害委托人的利益。为此,寻求有效的治理机制以降低委托代理成本是公司治理的一个重要课题。Jensen et al.(1976)认为,委托代理问题是由契约的不完备性导致的,故通过不断提高契约的完备程度能有效地缓解代理问题。委托人可以通过契约约束与激励代理人,使经理人与其利益和目标保持一致。标准的委托代理理论认为,如果经理人的行动能够被观察到,则最优的薪酬契约是支付给经理人固定的薪水,并对其次优行动给予惩戒(辛清泉 等,2009)。然而,由于委托人无法观察到经理人的行动及其努力程度,将经理人薪酬与企业业绩挂钩成为缓解委托代理问题的一个次优但可行的选择(Holmstrom,1979;Jensen et al.,1990)。考虑国内外的股权结构集中度有很大差异,委托代理理论在国内外有着不同的表现方式。

美、英等国特别是美国的多数上市公司都有一个显著的特征,就是股权分散。股权分散的直接后果就是所有权和控制权相分离。在股权分散或两权高度分离的情况下,上市公司面临的最突出的问题就是全体股东与经营者之间的利益冲突。然而,包括中国在内的许多国家和地区多数上市公司的股权结构的主要特征不是股权分散,而是相对集中或高度集中。Faccio et al.(2002)分析了13个西欧国家的232家公司,发现除英国和爱尔兰的公司股权较为分散外,欧洲大陆国家的公司股权普遍较为集中。Claessens et al.(2002)对9个东亚国家和地区的2 980家上市公司进行了分析,发现除日本公司所有权相对集中外,其余东亚国家和地区中三分之二的公司都拥有单一控制性股东。

中国绝大部分上市公司股权高度集中和国有股"一股独大"的现象是一个事实(冯根福,2001;冯根福 等,2002)。上市公司股权的分散与集中程度,决定着公司治理所要解决的突出问题。由于包括中国在内的许多国家和地区上市公司的股权结构的主要特征与美、英等国不同,即不是股权分散,而是股权相对集中或高度集中,这就决定了这些国家和地区的上市公司治理所要解决的突出问题与美、英等国有显著的差异,即不仅要解决全体股东与经营者之间的利益冲突(实际上主要是解决控股股东或大股东与经营者之间的利益冲突,这个问题后面将专门论及),而且还要解决大股东与中小股东之间的矛盾。Rajan(1992)、Weinstein et al.(1994)、Franks et al.(1994)等从理论和实证两个方面说明了德、日等国上市公司大股东侵占中小股东利益的状况,证明了德、日等国股权相对集中的上市公司明显存在着大股东与中小股东之间的利益冲突问题。而发展中国家或法律不健全的国家和地区的上市公司中的控股股东或大股东与中小股东之间的利益冲突表现得更为严重。

综上所述,双重委托代理理论可以概括为以下两个命题。(1)以股权相对集中或高度集中为主要特征的上市公司,按照双重委托代理理论的要求降低双重代理成本,更有利于实现包括中小股东在内的全体股东利益的最大化。(2)降低双重代理成本的主要途径有二:一是作为委托人的控股股东或大股东对作为代理人的经营者能够进行充分的激励与约束,从而实现有效地降低第一种代理成本的目的;二是作为委托人的中小股东对其代理人能够进行充分的激励与约束,从而实现有效地降低第二种代理成本的目的。

2.1.2 资源依赖理论

资源依赖理论最早由J.普费弗(J. Pfeffer)和G. R.萨兰西克(G. R. Salancik)于1978年系统地提出,其主要目的是对组织间的权力关系进行简约而系统的分析,并突出强调外部环境因素对于组织发展和行动的影响。该理论从直观的前提出发,将组织隐喻为一个"开放系统"(opening system),强调组织要生存和发展就必须与其他组织进行相互交换,进而引出资源依赖关系和权力分配问题。因此,从社会学和组织学的角度来看,社会组织的独立性是一个程度问题,而不是非此即彼的"有无"问题。例如,有学者观察到,大部分中国社会组织的战略往往是在生存与自主间作出权衡——这本质上是在关键资源必须依赖国家的情况下,社会组织时刻面临外部控制风险所致的。从这个意义上来看,资源依赖机制的重要性需要被认可。承认资源依赖理论隐含逻辑的合理性,意味着必须重视资源依赖程度和资源重要性对于组织间权力分配的价值。一般认为,外部环境的资源集中度越高,组织对于必需资源的选择余地越小,对于某一来源集中的资源的依赖程度越高,也越容易受到限制。不少研究发现,社会组织的重要资源越依赖于政府,其受政府影响的可能性越大,活动空间就越小,保持自主决策的可能性也越小。

可见,从资源依赖理论的视角来看,组织发展离不开掌握在其他组织手中的外部资源。在开展创新活动时,企业自身通常并不具备所有必要的资源要素,从而不得不寻求外部支持(Choi et al.,2011)。掌握丰富资源的国有股东无疑可以为企业技术创新提供必要的创新资源,包括国家的法律和政策支持、对本地市场的了解、资金和土地产权等。因此,较之非国有控股企业,国有控股企业在获取上述创新资源方面往往更具有优势(Wang et al.,2017)。通过充分利用这些创新资源和政治关联,国有控股企业不仅解决了创新所需的资金投入问题,减少了创新所面临的外部风险和降低了政策不确定性(Pfeffer,1972),同时也有机会参与国家主导的研发项目,并从中获取到关键研发资源及最新研究成果(Choi et al.,2011)。特别地,国有控股企业更容易与高等院校和科研机构实施产学研合作,以减少研发风险、提升创新表现(Motohashi et al.,2007)。

2.1.3 熊彼特假说[①]

熊彼特最早提出了创新理论。受到20世纪上半叶美国工业发展的启发,熊彼特写了《资本主义、社会主义与民主》一书。在这本书中,熊彼特强调了创新活动的制度化、产业研发试验室对技术创新的促进以及大企业在创新中的关键作用。熊彼特认为,只有大企业才可负担得起研发项目费用,较大而且多元化的企业可以通过大范围的研发创新来消化失败,创新成果的收获也需要企业具有某种市场控制能力。Galbraith(1952,1956)、Kaplan(1954)进一步强调了企业规模在创新中的重要性,认为大企业是引致技术变化的最完整的"工具",是技术创新最有效的"发明者"和"传播者"。

熊彼特具有启迪性且具有争议性的重要研究激发了人们对创新问题的研究兴趣。人们借助于创新的竞争这个概念引出了与熊彼特密切相关的两个假说:(1)大企业比小企业承担着更大比例的创新份额;(2)市场力量与创新之间存在着正相关关系。熊彼特假说被提出后,探究市场结构与创新激励之间关系的努力从未间断,涌现出一系列理论和实证研究文献。实证检验主要集中在两个方面:一是企业规模与创新之间的关系,二是市场力量与创新之间的关系。在实证文献中,通常又把创新分为创新投入与创新产出两个方面。创新投入通常以 R&D 支出或 R&D 人员来衡量。创新产出通常以专利数量、创新数量或新产品销售收入来衡量。企业规模一般用销售收入、总资产或职工人数表示。市场力量通常以四厂商集中度或赫芬达尔指数表示。

在国内,关于创新与市场结构关系的研究也是经久不衰的话题。其中,支持熊

---

① 现代宏观经济学认为创新(技术进步)是经济增长、社会发展的源动力。在 Romer(1990)发表的内生增长学派经典论文中,第二章末段总结了熊彼特创新理论是内生增长理论的核心假设:"要想理解第一章引言提及的三大假设,唯一的办法就是回到熊彼特思想及其对市场势力的理解。"Cheng et al.(1992)也提出:"根据内生增长理论的几篇经典文献(Romer,1986,1990;Lucas,1988),熊彼特通过'创造性破坏'和经济周期理论把微观的企业创新行为与宏观经济增长联系在一起,这种宏观经济理论及其发展被当今学界统称为熊彼特增长理论(Schumpeterian growth theory)。其核心思想为,创新是经济增长及其周期波动的根本原动力。内生增长理论与熊彼特增长理论是同源的,甚至可以把内生增长理论理解为'新熊彼特主义'。"内生增长等学派在宏观经济中成功融入了熊彼特创新理论,加上 Romer 的"对市场势力的理解",这难免让我们想起熊彼特提出的另一个创新理论——关于创新与市场结构的熊彼特假说。

彼特假说的学者主要有魏后凯(2002)、安同良等(2006)、张长征等(2006)、张倩肖等(2007)、吴延兵(2007)、杨勇等(2007)、戴跃强等(2007);不支持熊彼特假说的学者主要有 Jefferson et al.(2004)、周黎安等(2005)、吴延兵(2006,2008)、朱恒鹏(2006)、白明等(2006)、陈羽等(2007)、聂辉华(2008a)。

然而,在中国、韩国等东亚国家中,也有学者发现了不同的结论。陈林等(2009)认为,处于行政进入壁垒的产业(企业不能自由进入和退出),其创新水平与市场集中度在技术水平较低的产业发展初期,呈现"倒 U 形"曲线关系,而在技术水平较高的产业成熟期则呈现"U 形"曲线关系。从长远来看,在一个没有企业自由进入和退出的封闭产业中,熊彼特假说成立。Lee(2005)则在一个行政进入壁垒较强的国家——韩国,进行了相关的实证研究探索。他的实证结果表明,以食品饮料、纺织服装、木材、石材、黏土及玻璃为主,处于技术成熟期、产业发展成熟期的 258 个产业,其创新水平与垄断呈现"U 形"曲线关系或线性关系(正相关),即熊彼特假说成立;以化工、机械、电子为主,处于技术快速上升期、产业发展初期的 137 个产业,其创新水平与垄断呈现"倒 U 形"曲线关系或线性关系(负相关),即熊彼特假说不成立。陈林等(2010)在放松了企业不能自由进入和退出的模型假设后发现:自由市场中的创新水平与垄断之间呈现"倒 U 形"曲线关系,即熊彼特假说不成立。

2.2 文献综述

2.2.1 混合所有制改革与企业绩效研究综述

学者们在混合所有制改革的理论和实践方面展开了丰富的研究。已有研究主要集中在两种视角。

第一种视角是从国有企业的经营绩效及所有制改革入手。具体来说,在第一种视角下,第一类研究是分析国有企业的经营绩效问题及其原因。比如,Brandt et al.(2008)认为,尽管国有企业获取资本、中间品投入及原材料较为容易,但是附加值份额和总产量产出却相对较少。Ding et al.(2008)则从降低国有企业效率的几个因素出发,发现代理冲突、国有企业的预算软约束、运营效率和企业文化等方面均不利于国企效率,其中两类委托代理问题最为显著。Fan et al.(2007)则从政府干预的角度研究了国有企业经营业绩较差的原因,发现中国上市公司高管的政府背景对企业的经营效率产生了负面影响,具有政府背景的高管需要考虑自身的政治任务和晋升诉求,因此会以牺牲经营绩效为代价。陈林等(2014)以1999—2007年中国工业企业数据库为样本,发现混合所有制改革可以减轻国企的社会性负担和政策性负担。刘晔等(2016)发现国企混合所有制改革显著地提高了全要素生产率。刘小鲁等(2016)发现国有控股型的混合所有制国企绩效优于国有独资企业。郝阳等(2017)研究发现"混合所有"的股权结构有助于提高公司绩效。尽管多数学者得出混合所有制改革有助于提升企业效率的结论,但是也有个别学者发现"混合所有"的股权结构与公司绩效的关系并不确定(张文魁,2010)。另一些学者从公司治理的角度探讨了混合所有制企业中的股权配置和制衡问题。例如,殷军等(2016)研究了混合所有制企业中国有股和私人股的最优混合比例。类似的研究还包括郝云宏等(2015)、张伟等(2017)。在第一种视角下,第二类研究是关注国有企业民营化后经营绩效的改善。胡一帆等(2006)根据世界银行在1996—2001年间的调查数据,通过对5个城市6个行业的近300家大型国有企业进行样本分析,发现效率较高的国有企业优先被民营化,且由民营股东控股和彻底民营化的企业,其绩效比那些部分民营化以及国有控股的国企更高。然而,小型国有企业则通过管理层收购或者员工持股的方式民营化。许召元等(2015)从全要素生产率、资本配置效率、TFP增长率和溢出效应4个方面对比了国有企业和民营企业的差异,并分析了民营化促进国企绩效改善、促进经济增长的机制,认为国有企业改革显著地促进了经济的增长,如果每年有5%的国有企业进行改革,经济增速可提高0.33个百分点。第二类研究是研究国有企业民营化后的效果。部分学者从微观层面的技术效率(姚洋,1998;姚洋 等,2001)、创新效率(吴延兵,2012;温军 等,2012)、全要素生产率(Woo et al.,Huang et al.,1999;李利英,2004;郑京海 等,2002,2008)、财务绩效(胡一帆 等,2006)等方面测算了国有企业的经济效率。相关实证研究表明,国企效率偏低,但改制后效率明显提高(Megginson et al.,2001;Djankov et al.,2002;刘小玄 等,2005;白重恩 等,2006)。

第二种视角则是从国有企业的宏微观效率入手,探讨企业的政策性功能和收益性功能。首先,对于国有企业微观效率的研究,大致可分为两大类。一类是对国有企业生产率、技术效率、创新效率、全要素生产率等效率指标的考察。利用工业普查数据,姚洋(1998)、姚洋等(2001)、刘小玄(2000)均发现了国有企业的生产率或技术效率显著低于民营企业、外资企业等所有制企业。胡一帆等(2006)基于世界银行1996—2001年期间对中国5个城市700多家公司的调查数据,也发现了类似结论。有文献进一步指出,国有企业不仅存在生产效率损失,还存在创新效率损失(吴延兵,2012)。而且如果创新不确定性大,投入周期长,则国有企业的创新效率损失要大于其生产效率损失。国有企业中机构投资者持股将显著地抑制企业创新(温军 等,2012)。但也有研究表明,国有企业的效率在提升,且在部分行业中具有效率优势。例如,郝书辰(2012)实证分析了2003—2010年国有及国有控股企业在37个工业行业中的效率变动,结果显示,国有工业企业的效率在36个行业中逐年增长,在7个行业中不逊于私营企业,在23个行业中显著地优于外资企业。

另一类研究关注国有股权和企业绩效。Sun et al.(2003)基于1994—1998年的国有上市公司数据,发现国有股降低了上市公司的绩效。Hovey(2005)运用逐年分析法,对1997—2001年的3 835个观测值进行了混合回归,结果显示国有股权对企业绩效有显著的负向作用。杜莹等(2002)、Wei et al.(2003)、宋敏等(2004)研究者的实证结果也支持上述结论。部分文献指出,国有股权与企业绩效之间存在非线性关系。Sun et al.(2002)发现国有股比例与公司权益市净率之间呈现"倒U形"关系。田利辉(2005)的分析结果显示,上市公司国有股权比例与公司业绩之间呈现左高右低的非对称"U形"关系。利用2003—2007年的国有股权转让数据,杨记军等(2010)发现民营化可改善公司业绩,但只要绝对控制权仍掌控在政府手中,上述改善就不会十分显著。

学者们对国有企业的宏观效率也展开了探讨。与民营企业不同,体现国家意志的国有企业在一定程度上可以克服市场失灵和政府失灵,成为技术模仿、扩散及赶超主体,稳定宏观经济,提供社会福利和公共品,因而国有企业在宏观上是有效率的(刘元春,2001a,2001b)。因此,有关国有企业是否具有效率的争论,就转化为国有企业的微观效率损失与宏观正外部性孰大孰小的问题(刘瑞明,2013)。宏观层面的正外部性大于微观效率损失,则国有企业总体有效率,反之则无效率。就国有企业与经济增长的实证研究而言,大部分文献认为国有经济不利于经济增长。Lin(2000)以国有部门投资占全社会固定资产投资的比重来衡量国有企业部门规模,发现国有部门投资的增长显著地抑制了经济增长。Chen et al.(2000)也得到了相似的结论[①]。进一步的分析表明,国有企业产出值在工业总产出值中的比重下降,可带来经济增长(林毅夫 等,2003;董先安,2004;Phillips et al.,2005;刘瑞明 等,2010)。大部分实证结论都表明国有经济整体上对经济增长具有负面效应(Lin,2000;Chen et al.,2000;Phillips et al.,2005;董先安,2004;刘瑞明 等,2010)。

2.2.2 混合所有制改革与公司治理研究综述

混合所有制改革的另一个重要动力是改善国有企业的公司治理。相对而言,由于缺乏对经理人的有效激励和监督机制,国有企业具有更严重的代理问题(Laffont et al.,1993)。Ding 等(2008)研究发现,国有企业效率低下的原因主要有5个:委托人与经理人的冲突、签约能力、软预算约束、企业文化和组织架构。其中最重要的因素是委托人与经理人的冲突。由于董事会是公司最重要的经营决策机构,因此,Fama et al.(1983)指出,董事会治理是公司治理的重要内容。股东参与公司治理主要通过股东大会投票和董事会投票两个渠道。在"一股独大"的企业引入可制衡第一大股东的力量是制约控股股东侵害其他股东,特别是小股东利益的常规思路。多个大股东并存常被看作较为有效的内部治理机制,有利于加强监督,降低公司代理成本,防止控股股东通过"掏空"获利,并在外部治理制度不完善时起到弥补作用(Pagano et al.,1998;Attig et al.,2008;Boateng et al.,2017)。当公司有多个大股东时,大股东之间会因相互提防他人侵害自身利益而致力于完善公司治理机制,使股东权益的整体保护水平得以提高(Casado et al.,2016)。此外,Maury et al.(2005)还发现,投票权在大股东之间更均衡地分配可以对公司价值的提升产生作用。在经济转型过程中国有企业同时承担着经济任务与非经济任务

---

① Chen et al.(2002)利用国有企业产值占地区收入的比重来衡量国有企业部门的规模,此处和 Lin(2000)略有不同。

(Bai et al.,2000),在竞争性领域引入非国有资本,有利于企业专心致志地提升经营效率和经济绩效。

当然,所引入的非国有股东是否能真正提升企业的治理水平,进而提高企业决策质量,需要通过"事实"予以证明。首次公开上市是实现公司股权结构多元化的重要方式,且上市公司被要求遵守比一般企业更加规范的公司治理标准,所以上市通常会促进公司治理结构的完善。通过对上市前后的公司进行比较会发现不同股权结构下的企业绩效差异,这既可佐证"混改"的经济效果,也可检验股权分散是否有助于公司治理的改善。魏成龙等(2011)的研究发现,国有企业整体上市对企业绩效的提升并不具有持续性;Gan(2007)的研究得出的结论是,国有企业中的优质资产上市后,上市公司反而会受到作为大股东的母公司的盘剥,其原因在于少数股东保护的羸弱性与国企改革的不完全性。涂国前等(2010)发现,上市公司的控股权由国有股东转移到民营股东后,更可能受到民营控股股东的"掏空"。还有研究表明,股权分置改革可能并未有效地促进国有上市公司治理状况与运营效率的改善(Liao et al.,2014)。郝云宏等(2015)也用鄂武商的案例说明:引入非国有资本后,国有股东和非国有股东之间是否能形成有效制衡关系对改善公司治理十分重要。

在实施混合所有制改革甚至民营化后,个人或民营经济主体获得了一定的企业所有权,将有动力完善管理者监督和激励机制(Megginson et al.,2001;Gupta,2005),以促使管理者减少机会主义或道德风险行为。学者们对国企引进非国有股东产生的影响进行了部分研究。刘小玄(2004)从产业效率的视角分析了民营化企业的股权结构对经营绩效的影响,发现非国有股权对民营化企业的产业效率具有明显的积极作用。李文贵等(2015)考察了非国有股持股比例与民营化企业的创新活动的关系,发现两者存在着显著的正相关关系,更高的非国有股权比例有助于企业完善治理,减少管理者的道德风险。马连福等(2015)指出,混改后公司效率的提升主要在于产权主体的明晰及其产权主体变更后对经理层激励的改善。设计良好的高管薪酬契约是实现经理人目标和股东目标兼容的主要机制之一(Jensen et al.,1990)。

2.2.3 企业创新的影响因素研究综述

众所周知,企业的创新活动是探索性的,收益滞后期长,投资风险大,失败概率高,因此,相对于其他的公司决策,创新决策需要更高的失败容忍度和更大的决策空间(Manso,2011;Ederer et al.,2013;Aghion et al.,2013;Luong et al.,2017;余明桂 等,2016;周铭山 等,2016)。同时,当公司进行创新型的决策时,监督者给予决策者一定的决策权,更有利于提高决策者参与度,激发其工作热情(Aghion et al.,1997)。

企业是否进行创新,受其创新能力和创新意愿两个方面的影响,学者们围绕这两个方面对企业创新的影响因素进行了较为深入的研究。从创新能力视角看,已有文献主要探讨了企业创新资源的获取对企业创新的影响,例如,通过集团化经营下的内部资本市场运作(黄俊 等,2011),利用营运资本的平滑功能(Brown et al.,2011;鞠晓生 等,2013;刘波 等,2017)、发展银行关系和协会关系(陈爽英 等,2010)、获取政府R&D资助(Czar-nitzki et al.,2004;解维敏 等,2009;白俊红 等,2011)等方式,提升企业获取资源的能力,从而提升企业的创新水平。从创新意愿视角看,已有文献主要从代理视角进行分析,探讨了股权集中度(Hill et al.,1988;Baysinger et al.,1991;Francis et al.,1995;任海云,2010;杨风 等,2016)、机构投资者(Tian et al.,2014;Aghion et al.,2013;Chemmanur et al.,2014;Luong et al.,2017;温军 等,2012)、董事会(Balsmeier et al.,2017)、管理层薪酬激励(Manso,2011;Ederer et al.,2013)、法律环境(Brown et al.,2013;Acharya et al.,2009;Acharya et al.,2013;Sapra et al.,2014;潘越 等,2015;倪骁然 等,2016)、产品市场竞争(Aghion et al.,2005)、证券分析师(He et al.,2013;陈钦源 等,2017)等各种内外部公司治理机制对企业创新的影响。

2.2.4 公司治理对企业创新的影响研究综述

公司治理对企业创新的影响可以概括为两类代理问题对创新的影响。

第一类代理问题是公司股东与管理者或代理人之间的矛盾。Jensen et al.(1976)的研究表明,由于股东和高管是分离的,所以代理问题是所有股权分散企业的固有问题。股东监督高管的成本较高,高管们有动机从事能最大化自身效用而增加非股东财富的业务。因为股东可以持有资产组合,所以他们有能力分散特定的风险。相比之下,高管的大部分财富,如工资、津贴和职业声誉,都与公司直接相关。因此,高管通常比股东更厌恶风险,他们更喜欢采用低风险/低回报资产而非高风险/高回报资产的战略。如果代理问题足够严重,那么高管们可能会减少任何的风险投资。

第二类代理问题是控股股东或大股东与小股东之间的矛盾,这种公司治理情形在我国国有企业中尤为典型。国有大股东往往一股独大,管理者作为其代理人,极容易侵犯小股东的利益。

la Porta et al. (1999)发现,金字塔结构、交叉持股和发行复式表决权股票造成了控制权和现金流权的偏离,使终极控股股东可以较小的现金流权获得较大的控制权。这意味着控股股东控制的资本要远大于他们自身的资金投入,控股股东有动机攫取其他中小股东和利益相关者的利益。同时,控股股东还广泛参与公司的实际运营与管理,更为其攫取行为提供了现实的可能。Johnson et al. (2000)研究发现,控股股东通过金字塔式持股可以将公司(或者说中小股东)的资源转移到自己手中,而实现这种转移的方法多种多样,并且大多数方法均是合法且隐蔽的;Attig et al. (2003)发现,最终控制人偏向于将业绩不佳的公司置于金字塔结构的底层,这样可以尽可能地减少攫取私利时对自己产生的不良影响;Almeida(2006)亦发现,金字塔式持股可以使控股股东在与中小股东分享股权收益的同时控制公司的留存收益,因此,在公司股权收益较低而外部融资渠道受限的情况下,金字塔式持股现象会十分常见。可见,控股股东借助金字塔结构使控制权和现金流权偏离,不仅可以攫取远超现金流权比例的超额收益,而且有效地降低了自身成本与风险。

对投资者和其他利益相关者保护较弱的东亚国家,股权高度集中且普遍采用金字塔结构控股,控制权与现金流权偏离的现象更严重,控股股东与中小股东的代理冲突也更剧烈,主要表现为"壕沟效应",公司价值可能更低(Claessens et al., 2000,2002;Fan et al., 2002;Lins,2003;Villalonga et al.,2006)。Claessens et al. (2002)在研究东亚地区控股股东对公司价值的影响时发现,东亚地区超过三分之一的公司被单一控股股东控制,而且存在严重的控股股东控制权与现金流权偏离的现象;同时,由于公司经理人大多与控股股东存在密切关系,所以股东与经理人之间的第一类代理问题不明显,而控股股东与中小股东之间的第二类代理问题对东亚地区的公司有重要影响,当控股股东的控制权超过现金流权时,公司价值会显著降低。Yeh et al.(2005)研究认为,家族控股股东控制权与现金流权偏离程度越高,其"隧道效应"动机越强烈。

实际上,正如Bebchuk et al.(1999)所指出的那样,金字塔结构、交叉持股以及发行复式表决权股票三种控股方式导致现金流权和控制权偏离、代理成本上升,进而使控股股东在规模扩张、项目选择和控制权转移等方面做出不利于外部股东的决策。随着控股股东现金流权的减少,控制权和现金流权偏离度增大,终极控股股东侵害中小股东利益的动机增强,代理成本将以指数方式上升(Bebchuk et al.,1999)。再加上研发创新需要巨额资金和资源支持,而研发结果却常常难以预料并伴随着巨大的风险,被第二类代理问题左右的控股股东(实际控制人)及其操控的公司管理层可能缺乏持续进行高水平公司创新投资的意愿。

值得注意的是,与控股股东不同,其他大股东可能主要扮演监督和制衡的角色。正如Shleife et al.(1986)通过理论建模所证明的那样,公司其他大股东对控股股东的制衡是保护外部投资者利益的一种重要机制,多个大股东的存在可以起到互相监督和制衡的作用(Pagano et al.,1998;Bennedsen et al.,2000;Cronqvist et al.,2003;Maury et al.,2005),同时,在一定程度上,其他大股东力量越强,越有利于引入外部监管对控股股东进行有效监督和约束(唐跃军 等,2010)。唐跃军等(2002)研究发现,其他大股东制衡度越高,越倾向于在董事会中增加独立董事人数,以便引入外部监管制衡控股股东。因此,构建良好的大股东制衡机制,提升其他大股东的治理能力,促使其积极参与公司治理,对控股股东进行监督与制衡,可能有助于降低第二类代理问题所引致的代理成本,推动上市公司更多地进行研发和创新投资。

本章参考文献

安同良,王文翌,魏巍,2005.中国制造业企业的技术创新:模式、动力与障碍——基于江苏省制造业企业问卷调查的实证分析[J].当代财经,(12):69-73.

白俊红,李婧,2011.政府R&D资助与企业技术创新——基于效率视角的实证分析[J].金融研究,(6):181-193.

白明,李国璋,2006.市场竞争与创新:熊彼特假说及其实证检验[J].中国软科学,(11):15-21.

白重恩,路江涌,陶志刚,2006.国有企业改制效果的实证研究[J].经济研究,(8):4-13.

陈林,唐杨柳,2014.混合所有制改革与国有企业政策性负担——基于早期国企产权改革大数据的实证研究[J].经济学家,(11):13-23.

陈林,朱卫平,2011.创新、市场结构与行政进入壁垒——基于中国工业企业数据的熊彼特假说实证检验[J].经济学(季刊),10(2):653-674.

陈钦源,马黎珺,伊志宏,2017.分析师跟踪与企业创新绩效——中国的逻辑[J].南开管理评论,20(3):15-27.

陈爽英,井润田,龙小宁,等,2010.民营企业家社会关系资本对研发投资决策影响的实证研究[J].管理世界,(1):88-97.

陈羽,李小平,白澎,2007.市场结构如何影响R&D投入?——基于中国制造业行业面板数据的实证分析[J].南开经济研究,(1):135-145.

戴跃强,达庆利,2007.企业技术创新投资与其资本结构、规模之间关系的实证研究[J].科研管理,28(3):38-42.

董先安,2004.浅释中国地区收入差距:1952—2002[J].经济研究,(9):48-59.

杜莹,刘立国,2002.股权结构与公司治理效率:中国上市公司的实证分析[J].管理世界,(11):124-133.

冯根福,韩冰,闫冰,2002.中国上市公司股权集中度变动的实证分析[J].经济研究,(8):12-18.

冯根福,2001.关于健全和完善我国上市公司治理结构几个关键问题的思考[J].当代经济科学,(2):91-95.

郝书辰,田金方,陶虎,2012.国有工业企业效率的行业检验[J].中国工业经济,(12):57-69.

郝阳,龚六堂,2017.国有、民营混合参股与公司绩效改进[J].经济研究,(3):124-137.

郝云宏,汪茜,2015.混合所有制企业股权制衡机制研究——基于"鄂武商控制权之争"的案例解析[J].中国工业经济,(3):148-160.

胡一帆,宋敏,张俊喜,2006.中国国有企业民营化绩效研究[J].经济研究,(7):49-60.

黄俊,陈信元,2011.集团化经营与企业研发投资——基于知识溢出与内部资本市场视角的分析[J].经济研究,(6):80-92.

解维敏,唐清泉,陆姗姗,2009.政府R&D资助,企业R&D支出与自主创新——来自中国上市公司的经验证据[J].金融研究,(6):86-99.

鞠晓生,卢荻,虞义华,2013.融资约束、营运资本管理与企业创新可持续性[J].经济研究,48(1):4-16.

李利英,2004.中国国有企业生产率变动趋势的实证分析——基于对769家国有企业跟踪调查样本的判断[J].经济科学,(1):65-72.

李文贵,余明桂,2015.民营化企业的股权结构与企业创新[J].管理世界,(4):112-125.

林毅夫,刘明兴,2003.中国的经济增长收敛与收入分配[J].世界经济,26(8):3-14,80.

刘波,李志生,王泓力,等,2017.现金流不确定性与企业创新[J].经济研究,52(3):166-180.

刘瑞明,2013.中国的国有企业效率:一个文献综述[J].世界经济,36(11):136-160.

刘小鲁,聂辉华,2016.国企混合所有制改革:怎么混?混得怎么样?[M].北京:中国社会科学出版社.

刘小玄,李利英,2005.企业产权变革的效率分析[J].中国社会科学,(2):4-16.

刘小玄,2004.民营化改制对中国产业效率的效果分析——2001年全国普查工业数据的分析[J].经济研究,(8):16-26.

刘小玄,2000.中国工业企业的所有制结构对效率差异的影响——1995年全国工业企业普查数据的实证分析[J].经济研究,(2):17-25.

刘晔,张训常,蓝晓燕,2016.国有企业混合所有制改革对全要素生产率的影响——基于PSM-DID方法的实证研究[J].财政研究,(10):63-75.

刘元春,2001a.国有企业的"效率悖论"及其深层次的解释[J].中国工业经济,(7):31-39.

刘元春. 2001b. 国有企业宏观效率论——理论及其验证[J]. 中国社会科学,(5): 69-81,206.

马连福,王丽丽,张琦,2015. 混合所有制的优序选择:市场的逻辑[J]. 中国工业经济,(7):5-20.

聂辉华,涂晓玲,杨楠,2008. 竞争还是产权——对国有企业激励机制的经验考察[J]. 教学与研究,(1):39-45.

潘越,潘健平,戴亦一,2015. 公司诉讼风险、司法地方保护主义与企业创新[J]. 经济研究,50(3):131-145.

任海云,2010. 股权结构与企业 R&D 投入关系的实证研究——基于 A 股制造业上市公司的数据分析[J]. 中国软科学,(5):126-135.

宋敏,张俊喜,李春涛,2004. 股权结构的陷阱[J]. 南开管理评论,(1):9-23,56.

田利辉,2005. 国有产权、预算软约束和中国上市公司杠杆治理[J]. 管理世界,(7):123-128,147.

涂国前,刘峰,2010. 制衡股东性质与制衡效果——来自中国民营化上市公司的经验证据[J]. 管理世界,(11):132-142.

魏成龙,许萌,郑志,2011. 国有企业整体上市绩效及其影响因素分析[J]. 中国工业经济,(10):151-160.

魏后凯,2002. 企业规模、产业集中与技术创新能力[J]. 经济管理,(4):4-10.

温军,冯根福,2012. 异质机构、企业性质与自主创新[J]. 经济研究,(3):53-64.

吴延兵,2007. 市场结构、产权结构与 R&D——中国制造业的实证分析[J]. 统计研究,24(5):67-75.

吴延兵,2006. 中国工业产业创新水平及影响因素——面板数据的实证分析[J]. 产业经济评论(山东),(2):155-171.

吴延兵,2008. 自主研发、技术引进与生产率——基于中国地区工业的实证研究[J]. 经济研究,(8):51-64.

吴延兵,2012. 中国哪种所有制类型企业最具创新性?[J]. 世界经济,35(6):3-25.

许召元,张文魁,2015. 国企改革对经济增速的提振效应研究[J]. 经济研究,50(4):122-135.

杨凤，李卿云，2016. 股权结构与研发投资——基于创业板上市公司的经验证据[J]. 科学学与科学技术管理，37(2)：123-135.

杨记军，逯东，杨丹，2010. 国有企业的政府控制权转让研究[J]. 经济研究，45(2)：69-82.

杨勇，达庆利，2007. 企业技术创新绩效与其规模、R&D 投资、人力资本投资之间的关系——基于面板数据的实证研究[J]. 科技进步与对策，24(11)：128-131.

姚洋，章奇，2001. 中国工业企业技术效率分析[J]. 经济研究，(10)：13-19.

姚洋，1998. 非国有经济成分对我国工业企业技术效率的影响[J]. 经济研究，(12)：29-35.

殷军，皮建才，杨德才，2016. 国有企业混合所有制的内在机制和最优比例研究[J]. 南开经济研究，(1)：18-32.

余明桂，钟慧洁，范蕊，2016. 业绩考核制度可以促进央企创新吗？[J]. 经济研究，51(12)：104-117.

张倩肖，冯根福，2007. 三种 R&D 溢出与本地企业技术创新——基于我国高技术产业的经验分析[J]. 中国工业经济，(11)：64-72.

张文魁，2010. 中国混合所有制企业的兴起及其公司治理研究[M]. 北京：经济科学出版社.

张长征，李怀祖，赵西萍，2006. 企业规模、经理自主权与 R&D 投入关系研究——来自中国上市公司的经验证据[J]. 科学学研究，24(3)：432-438.

周黎安，罗凯，2005. 企业规模与创新：来自中国省级水平的经验证据[J]. 经济学（季刊），(2)：623-638.

周铭山，张倩倩，2016. "面子工程"还是"真才实干"？——基于政治晋升激励下的国有企业创新研究[J]. 管理世界，(12)：116-132.

朱恒鹏，2006. 企业规模、市场力量与民营企业创新行为[J]. 世界经济，29(12)：41-52.

ACHARYA V V，BAGHAI-WADJI R，SUBRAMANIAN K V，2009. Labor Laws and Innovation[J]. The Journal of Law and Economics，56(4)：32-79.

ACHARYA V V，SUBRAMANIAN K V，2009. Bankruptcy Codes and Innovation[J]. The Review of Financial Studies，(22)：4949-4988.

AGHION P, BLOOM N, BLUNDELL R, et al, 2005. Competition and Innovation: an Inverted-U Relationship[J]. Quarterly Journal of Economics, 120(2):701-728.

AGHION P, TIROLE J, 1997. Formal and Real Authority in Organizations[J]. Journal of Political Economy, 105(1):1-29.

AGHION P, van REENEN J, ZINGALES L, 2013. Innovation and Institutional Ownership. [J]. American Economic Review, 103(1):277-304.

ALMEIDA H, CAMPELLO M, LIU C, 2006. The financial accelerator: evidence from international housing markets[J]. Review of Finance, (10):321-352.

ATTIG N, GUEDHAMI O, MISHRA D, 2008. Multiple large shareholders, control contests, and implied cost of equity[J]. Journal of Corporate Finance, 14(5):721-737.

BAI C E, LI D D, TAO Z, et al, 2000. A Multitask Theory of State Enterprise Reform[J]. Journal of Comparative Economics, 28(4):716-738.

BAKER M, STEIN J C, WURGLER J, 2003. When Does the Market Matter? Stock Prices and the Investment of Equity-dependent Firms[J]. Quarterly Journal of Economics, 118(3):969-1005.

BALSMEIER B, FLEMING L, MANSO G, 2016. Independent boards and innovation[J]. Journal of Financial Economics, 123(3):536-557.

CASADO B R, BURKERT M, DÁVILA A, et al, 2016. Shareholder Protection: The Role of Multiple Large Shareholders [J]. Corporate Governance: An International Review, 24(2): 105-129.

BAYSINGER B D, KOSNIK R D, TURK T A, 1991. Effects of Board and Ownership Structure on Corporate R&D Strategy [J]. The Academy of Management Journal, 34(1):205-214.

BEBCHUK L, KRAAKMAN R, TRIANTIS G, 1999. Stock pyramids, cross-ownership, and dual classequity: the mechanisms and agency costs of separating control from cash-flow rights[J]. Harvard Law and Economics

Discussion Paper, 249(1):295-315.

BENNEDSEN M, WOLFENZON D, 2000. The balance of power in closely held corporations[J]. Journal of Financial Economics, 58(1/2):113-139.

BOATENG A, HUANG W, 2017. Multiple Large Shareholders, Excess Leverage and Tunneling: Evidence from an Emerging Market[J]. Corporate Governance: An International Review, 25(1):58-74.

BRANDT L, RAWSKI T G, 2008. China's Great Economic Transformation[M]. Cambridge: Cambridge University Press.

BROWN J R, MARTINSSON G, PETERSEN B C, 2013. Law, Stock Markets and Innovation [J]. The Journal of Finance, 68: 1517-1549.

Campello M, Graham J R, 2013. Do Stock Prices Influence Corporate Decisions? Evidence from the Technology Bubble[J]. Journal of Financial Economics, 107(1):89-110.

CHEMMANUR T J, LOUTSKINA E, TIAN X, 2014. Corporate Venture Capital, Value Creation, and Innovation [J]. Review of Financial Studies, 27(2014): 2434-2473.

CHEN B Z, FENG Y, 2000. Determinants of economic growth in China: private enterprise, education, and openness[J]. China Economic Review, 11(1):1-15.

CHENG L, DINOPOULOS E, 1992. Schumpeterian Growth and International Business Cycles [J]. Rand Journal of Economics, 82(2): 409-414.

CLAESSENS S, DIANKOV S, LANG L H P, 2000. The separation of ownership and control in East Asian corporations[J]. Journal of Financial Economics, 58(1/2):81-112.

CLAESSENS S, DJANKOV S, FAN J P H, et al, 2002. Disentangling the incentive and entrenchment effects of large shareholdings [J]. Journal of Finance, 57(6):2741-2771.

COASE R H, 1937. The Nature of the Firm[J]. Economica, 4(16):386-405.

CRONQVIST H, NILSSON M, 2003. Agency costs of controlling minority shareholders[J]. Journal of Financial and Quantitative Analysis, 38(4):

695-719.

CZARNITZKI D, HUSSINGER K, 2004. The Link Between R&D Subsidies, R&D Spending and Technological Performance[J]. Social Science Electronic Publishing, 2:4-56.

DING Y, ZHANG H, ZHANG J, 2008. The Financial and Operating Performance of Chinese Family-owned Listed Firms [J]. Management International Review, 48(3): 297-318.

FACCIO M, LANG L H P, 2002. The Ultimate Ownership of Western European Corporations [J]. Journal of Financial Economics, 65:365-396.

EUGENCE F, JENSEN M, 1983a. Separation of Ownership and Control[J]. Journal of Law and Economics, 26: 301-325.

EUGENCE F, JENSEN M, 1983b. Agency Problems and Residuals Claims[J]. Journal of Law and Economics, 26: 327-349.

FAN J, WONG T J, 2002. Corporate ownership structure and the informativeness of accounting earnings in East Asia[J]. Journal of Accounting and Economics, 33(3):401-425.

FAN J P H, WONG T H, ZHANG T, 2007. Politically Connected CEOs, Corporate Governance and Post-ipo Performance of China's Newly Partially Privatized Firms [J]. Journal of Financial Economics, 84(2): 330-357.

EDERER F, MANSO G, 2013. Is Pay for Performance Detrimental to Innovation? [J]. Management Science, 59.

FRANCIS J, SMITH A, 1995. Agency costs and innovation some empirical evidence[J]. Journal of Accounting and Economics, 19(2/3):383-409.

FRANKS J, MAYER C, 1994. The Ownership and Control of German Corporation [J]. The Review of Financial Studies, 14(4): 943-977.

GALBRAITH J K, 1993. American capitalism: the concept of countervailing power[M]. New York: Routledge Press.

GAN J, 2007. The Dark Side of Concentrated Ownership in Privatization: Evidence from China [J], Unpublished Working Paper.

GUPTA N, 2005. Partial privatization and firm performance [J]. Journal of Finance,60: 987-1015.

MANSO G, 2011. Motivating Innovation[J]. The Journal of Finance, 66(5): 287-313.

HE J, TIAN X, 2013. The dark side of analyst coverage: the case of innovation [J]. Journal of Financial Economics, 109(3):856-878.

HILL C W,SNELL S A, 1988. External Control, Corporate Strategy, and Firm Performance in Research- Intensive Industries [J]. Strategic Management Journal, 9(6):577-590.

HOVEY M, NAUGHTON T, 2007. A Survey of Enterprise Reforms in China: The Way Forward [J]. Economic Systems, 31: 138-156.

HUANG Y, MENG X, 1999. China's Industrial Growth and Efficiency: a Comparison between the State and the TVE Sectors [J]. Journal of the Asia Pacific Economy, 2:101-121.

JEFFERSON G, ALBERT H U, GUAN X, et al, 2003. Ownership, performance, and innovation in China's large- and medium-size industrial enterprise sector[J]. China Economic Review, 14(1):89-113.

JENSEN M C,MURPHY K J, 1990. Performance Pay and Top-Management Incentive[J]. Journal of Political Economy, 98(2):225-264.

JENSEN M C, MECKLING W H, 1976. Theory of the Firm: Managerial Behavior, Agency Costs and Ownership Structure [J]. Journal of Financial Economics, 27(3): 305-360.

JOHNSON S,PORTA R L,SILANES F, et al, 2000. Tunneling[J]. American Economic Review, 90(2):22-27.

KAPLAN A, 1980. Big enterprise in a competitive system[M]. New York: Praeger.

KIM W, WEISBACH M S, 2008. Motivations for Public Equity Offers: An International Perspective [J]. Journal of Financial Economics, 87: 281-307.

la PORTA R, LOPEZ-de-SILANES F, SHLEIFER A, 1999. Corporate

ownership around the world[J]. Journal of Finance, 54(2): 471-517.

LAEVEN L, LEVINE R, 2008. Complex Ownership Structures and Corporate Valuations[J]. Review of Financial Studies, (2):579-604.

LAFFONT J J, TIROLE J, 1993. A Theory of Incentives in Procurement and Regulation[J]. MIT Press Books, 1(428):193-194.

LEE C Y, 2005. A New Perspective on Industry R&D and Market Structure[J]. Journal of Industrial Economics, 53(1):101-122.

LIAO L, LIU B B, WANG H, 2014. China's Secondary Privatization: Perspectives from the Split-Share Structure Reform[J]. Journal of Financial Economics, 113(3): 500-518.

LIN S, 2000. Resource allocation and economic growth in China[J]. Economic Inquiry, 38(3):515-526.

LINS K V, 2003. Equity ownership and firm value in emerging markets [J]. Journal of Financial and Quantitative Analysis, 38(1): 159-184.

LUONG H, MOSHIRIAN F, NGUYEN L, et al, 2017. How Do Foreign Institutional Investors Enhance Firm Innovation? [J]. Journal of Financial and Quantitative Analysis, 52(4):1449-1490.

MANSO G, 2011. Motivating innovation [J]. Journal of Finance, 66(5): 1823-1860.

PAGANO M, RÖELL A, 1998. The Choice of Stock Ownership Structure: Agency Costs, Monitoring, and the Decision to Go Public[J]. Quarterly Journal of Economics, (1):187-225.

MAURY B, PAJUSTE A, 2005. Multiple large shareholders and firm value[J]. Journal of Banking & Finance, 29(7):1813-1834.

MEGGINSON W, NETTER J, 2001. From state to market: a survey of empirical studies on privatization source [J]. Journal of Economic Literature, 39: 321-389.

PAGANO M, ROEL A, 1998. The choice of stock ownership structure: agency costs, monitoring, and the decision to go public[J]. Quarterly Journal of

Economics, 113(1):187-225.

PHILLIPS K L, SHEN K, 2005. What effect does the size of the state-owned sector have on regional growth in China? [J] Nanjing Business Review, 15(6): 1079-1102.

RAGHURAM R, 1992. Insiders and Outsiders: the Choice between Relationship and Arms-length Debt [J]. Journal of Finance, 47: 1367-1400.

LUCAS R E, 1999. On the mechanics of economic development[J]. Journal of Monetary Economics, 22(1):3-42.

Romer P M, 1989. Endogenous Technological Change[J]. Journal of Political Economy, 98(98):71-102.

ROMER P M, 1986. Increasing Returns and Long-Run Growth[J]. Journal of Political Economy, 94(5):1002-1037.

SAPRA H, SUBRAMANIAN A, SUBRAMANIAN K V, 2014. Corporate Governance and Innovation: Theory and Evidence[J]. Journal of Financial & Quantitative Analysis, 49(4):957-1003.

STEIN J C, 1988. Takeover Threats and Managerial Myopia [J]. Journal of Political Economy, 96: 61-80.

SUN Q, TONG W H, 2003. China share issue privatization: the extent of its success[J]. Journal of Financial Economics, 70(2): 183-222.

SUN Q, TONG W H S, TONG J, 2002. How Does Government Ownership Affect Firm Performance? Evidence from China's Privatization Experience [J]. Journal of Business Finance & Accounting, (29):1-27.

TIAN H X, 2013. The dark side of analyst coverage: the case of innovation[J]. Journal of Financial Economics, 109(3): 856-878.

TIAN X, WANG T Y, 2014. Tolerance for Failure and Corporate Innovation[J]. Review of Financial Studies, 27 (1):211-255.

VILLALONGA B, AMIT R, 2006. How do family ownership, control, and management affect firm value ? [J]. Journal of Financial Economics, 80(2): 385-417.

WEI Z, VARELA O, 2003. State equity ownership and firm market performance: evidence from China's newly privatized firms[J]. Global Finance Journal, 14 (1):65-82.

WEINSTEIN D E, YAFEH Y, 1998. On the Costs of a Bank-Centered Financial System: Evidence from the Changing Main Bank Relations in Japan[J]. Journal of Finance, 53(2):635-672.

WOO W T, WEN H, JIN Y, et al, 1994. How Successful Has Chinese Enterprise Reform Been? Pitfalls in Opposite Biases and Focus[J]. Journal of Comparative Economics, 18(3):410-437.

YEH Y H, WOIDTKE T, 2005. Commitment or entrenchment: controlling shareholders and board composition[J]. Journal of Bamking & Finance, 29(2): 1857-1885.

第3章 混合所有制改革提高了国有企业的创新能力吗？——基于我国股权分置改革准自然试验的证据

3.1 引 言

创新能力是国家经济增长（Solow,1957）和保持竞争优势（Porta,1992）的关键[①]。国内外学者从国家、市场、行业和公司层面对创新展开了大量研究，却少有文献讨论国家制度创新对企业技术创新的影响。2013年党的十八届三中全会提出了"积极发展混合所有制经济、推动混合所有制改革"的举措。那么混合所有制改革是否提高了企业的创新能力？在本章中，我们通过考察混合所有制改革对企业创新的影响，试图补充制度创新与企业技术创新的相关研究。

在过去的几十年里，学术界、实务界和政策制定者们主要针对民营化的效果展开了诸多讨论。与混合所有制改革不同，民营化通常被定义为政府有意将国有企业（SOE）或资产出售给私营经济机构（Megginson,2010）。倡导者声称民营化消除了市场摩擦，改善了风险分担，降低了机构成本，促进了资源的有效配置。因此，民

---

① 根据 Rosenberg(2004)的研究,85%的经济增长可以归因于技术创新。Chang et al.(2013)的研究表明人均专利存量增加一个标准差,那么 GDP 可增长 0.85%。

营化提高了生产力和经济效率。然而,批评民营化的人持相反的立场[①],认为民营化导致社会和经济不稳定、国民经济增长下降、大股东对小股东的剥夺更为尖锐,以及政府出售资产的价格过低(Hoff et al.,2004)。

如前文所述,本书所研究的混合所有制改革与国外学者所称的"民营化"具有质的不同。然而,由于"混改"的内生性,以往对于混合所有制改革与创新关系的研究很难确定两者之间的因果关系。首先,混合所有制改革在微观层面的一个表现形态是国有企业通过整体上市或部分上市,实现了股权的市场化交易与股权结构的多元化。那么选择具备哪种特质的国有企业上市[②],就很容易产生样本自选择问题。其次,直接比较民营化企业和国有企业的创新产出可能会导致误导性结论,因为这两类企业之间存在一些不可观测的根本性差异。最后,企业创新产出的预期变化可能会导致其被选中作为混合所有制改革的样本企业,从而导致反向因果问题。因此,混合所有制改革与企业创新之间是否具有因果关系,已有研究较少给出严谨的论证。

本书利用2005年股权分置改革这一准自然试验,对混合所有制改革与企业创新的因果关系进行了检验。部分学者因股权分置改革解禁了非流通的国有股权,将其称作"二次民营化"(Liao et al.,2014)。2005年的股权分置改革对混合所有制改革的进程是一次较大的外部冲击,它为解决上述内生性问题提供了合理的外生变量。股改允许以前的非流通股,包括我国政府持有的非流通国企股份,在证券交易所自由交易。因此,它有效地消除了向公众投资者转让国有股的法律和技术障碍,为进一步民营化打开了大门。利用这一独特的背景,我们试图提供第一个严谨的实证研究,检验民营化前景与企业创新的因果关系。

我国的民营化进程分几个阶段进行,涉及金融市场的两大里程碑。第一个重大里程碑是20世纪90年代初上海证券交易所和深圳证券交易所的成立,从一开始,我国政府就选择对这两个交易所上市的股票实行股权分置。在股权分置的情

[①] 例如,Newbery et al.(1997)的研究表明,在英国中央发电局民营化的过程中,消费者和政府蒙受了损失。Florio(2004)关注英国民营化计划,认为该计划对收入和财富分配的负面影响可能会完全抵消该计划可能带来的好处。此外,一些轶事,如20世纪90年代俄罗斯市场改革的失败,以及20世纪90年代和21世纪初中国民营化的失败尝试,为批评者的论点提供了支持。Megginson et al.(2001)和Megginson(2010)对民营化文献进行了全面的调查。

[②] 现实中往往选择那些规模较大的国有企业。

况下,虽然这些非流通股的股东拥有与流通股相同的表决权和现金流权,但约三分之二的国内上市 A 股是不可公开交易的。国家和法人是典型的非流通股股东;境内机构投资者和个人投资者以及境外个人投资者是典型的流通股股东。多年来,我国政府认识到与股权分置相关的严重问题,这些问题阻碍了我国金融市场的运作和发展①。2005 年 4 月,几次民营化尝试失败(Liu et al., Wong et al., 2014)之后,我国政府启动股权分置改革,这是我国民营化的第二个重大里程碑。股改涉及强制将所有非流通股转换为流通股,但须经股东批准,并向流通股股东提供适当的补偿。具体来说,股权分置改革规定,我国上市公司的大股东(通常是控股股东)必须将以前的非流通股转换为在证券交易所自由交易的股票。

股权分置改革具备三个重要特征,有可能在民营化过程中产生外生变异,这为考察股权分置改革对创新的影响提供了一个独特的机会。首先,股权分置改革的启动并非出于促进技术创新的考虑。根据股权分置改革的蓝图,2004 年 1 月 31 日国务院发布了《国务院关于推进资本市场改革开放和稳定发展的若干意见》,股权分置改革的目标是优化股权结构,完善公司治理结构,提高资本回报率,促进金融市场发展。根据我们之前对股权分置改革的制度背景的讨论,股权分置改革显然主要是为了解决我国经济从计划经济向市场经济转型过程中产生的股权分置问题,而不是为了促进或抑制创新。因此,我国的股权分置改革提供了一个对企业创新具有外生性的准自然试验。其次,股权分置改革是强制性的。我国证券监督管理委员会(CSRC)(以下简称"证监会")将 2005 年 8 月定为改革的开始日期,准备在 2006 年年底前完成改革(Firth et al., 2010)。股权分置改革的强制性意味着,没有一家公司可以选择何时转换非流通股。相反,改革的实际时间取决于实施改革程序所需的时间,即与股东沟通和获得必要表决所需的时间。

最后,通过取消股权分置结构,对国有企业和非国有企业同时进行股权分置改革,它允许我们在评价国有企业创新绩效时,以非国有企业为基准。对于这两类企业来说,股权分置改革对非流通股转流通股的影响是一样的,只是国有企业的非流通股主要由政府持有,非国有企业的非流通股主要由私人投资者持有。因此,通过

---

① 典型问题包括股票流动性不足导致公司价值评估能力下降,流通股股东与非流通股股东之间有利益冲突,由于缺乏公司控制权而导致的公司治理效率低下,以及由于股价更易被操纵而增加了市场投机行为。

比较国有企业和非国有企业改革后的创新产出,我们可以分离出民营化前景对创新的净影响,而这些影响不受其他难以捕捉的不可观测变量的影响。

本书还特别注意了样本的子选择性,考虑利用股权分置改革来确定混合所有制改革对创新的偶然影响,那么国有企业或行业的选择,以及部分民营化的选择并非完全随机。虽然这在所有关于混合所有制改革的研究中都是一个挑战,但我们在所有的测试中都包含了企业固定效应,以吸收可能与国家所有权选择相关的不可观察的潜在变量。需要指出的是,虽然目前尚不清楚股改后我国政府何时以及如何将国有企业完全民营化,但国有企业最大股东(通常是我国政府)的持股比例平均从股改前的49.5个百分点降至40.4个百分点,我们的样本在股改四年后下降了18%〔(49.5%-40.4%)/49.5%〕。这种政府所有权的大幅减少是因为股权分置改革实施了一种基于市场的薪酬谈判方案,其中非流通股股东(主要是政府)平均为流通股股东持有的每一流通股提供0.305股股份(Li et al.,2011)。为了充分利用股权分置改革带来的民营化外生变化,我们采用双重差分法(Difference In Differences,DID)对股权分置改革前后国有企业创新产出与非国有企业创新产出的变化进行了分析。在进行各种诊断测试以确保DID的平行趋势假设得到满足后,我们在单变量比较和多元分析框架中发现民营化前景对企业创新具有积极的影响。我们的回归结果表明,股权分置改革导致国有企业与非国有企业相比,专利数量增加了13.4%,专利质量提高了11.5%。

接下来,我们对基准的DID分析进行了两个稳健性测试。第一,虽然股权分置改革对混合所有制改革带来了外部冲击,但由于担心创新生产力的预期变化可能引发股权分置改革,我们的结果仍有可能受到反向因果关系的驱动[①],所以我们使用Bertrand et al.(2003)的方法,研究围绕股权改革的创新产出动态。我们没有发现创新产出的先发趋势,但观察到只有股权分置改革后,国有企业创新产出才有较大幅度的增长。第二,为了避免我们的结果可能是偶然的,我们做了一个安慰剂试验,随机和人为地将企业分为国有企业和非国有企业,并探讨股权分置改革的效果。我们发现从随机试验中得到的DID估计值的平均值为零。

我们进一步试图找出民营化鼓励企业创新的潜在机制:大股东和小股东之间

---

① Our discussion on the institutional background of the share reform suggests this is unlikely, though.

更好的利益一致性，提高股价信息含量，以及改善股东之间的风险分担。为此，我们研究了关联交易的横截面变化、股价信息含量和股本回报率(ROE)波动如何改变我们的主要结果。研究发现，股权分置改革前，当公司关联交易量较大、股价信息含量较低、净资产收益率波动较大时，民营化对公司创新的正向影响更为显著。有证据表明，大股东与小股东之间的利益关联度提高、股价信息含量增加和股东之间风险分担的改善是三种可能的潜在机制。

本章的其余部分组织如下。3.2 节论述了相关文献与制度背景；3.3 节介绍了研究的设计；3.4 节为实证检验结果及分析；3.5 节为稳健性检验；3.6 节讨论了民营化影响企业创新的潜在机制；3.7 节为本章结论及政策建议。

3.2 文献回顾与制度背景

3.2.1 文献回顾

本章参考了两方面的文献。首先对民营化的相关文献进行了回顾。现有的大量文献记录了转型经济体和非转型经济体民营化。Megginson et al.(1994)研究了通过 SIPs 剥离的公司民营化之后的绩效。Megginson et al.(2001)和 Megginson(2010)则侧重于评估新兴国家民营化后的效果。来自印度民营化改革的信息显示，盈利企业、工资较低的企业以及处于反对党竞争更少的地区的企业，更有可能提前进行民营化改革(Dinc et al.,2001)。Gupta(2005)发现印度的民营化对公司盈利能力、生产率和投资都有积极的影响，这与政府仍然是在部分民营化项目中，股票市场可以起到监督和奖励管理业绩的作用有关。在跨国背景下，Goyal et al.(2014)发现，先前文献所记录的民营化后公司派息溢价的主要决定因素是公司经营业绩的改善和代理成本的降低。

一些研究也利用我国的股权改革来解决民营化的各种问题。Chen et al.(2012)发现股权分置改革导致控股股东和少数股东之间具有更好的激励一致性，缓解了财务约束。Liao et al.(2014)指出，民营化使国有企业能够在产出、盈利能力、就业、生产效率和治理方面有所改善。Li et al.(2011)重点关注非流通股股东向流通股股东支付的补偿。他们发现,薪酬规模与风险分担收益正相关,凸显了风险分担在我国民营化中的作用。Firth et al.(2010)发现,国家和共同基金所有权对薪酬比率的影响存在反差。然而,这些文献都忽略了民营化计划如何影响经济增长和创新的关键驱动力。

本章的内容也参考了金融和创新方面的有关文献。Holmstrom(1989)指出,创新活动与常规任务有着本质的不同,因此可能无法与组织中的常规任务很好地结合。Manso(2011)从理论上证明,短期内容忍失败、长期内奖励成功的管理契约最适合激励管理者从事创新活动。

3.2.2 2005年股权分置改革的背景

我国分别于1990年和1991年成立了上海证券交易所和深圳证券交易所,标志着我国证券投资政策的开始。国有企业上市并向公众(即机构投资者和个人投资者)发行流通股,这些流通股分为A股(主要面向国内投资者)和外资股(B股和H股)。然而,由于政府希望保持对国有企业的控制或影响力,因此通过持有禁止在二级市场交易的非流通股,政府保留了对大多数上市公司的实质所有权。因此,虽然SIP被认为是我国的第一波民营化,但它充其量只是部分民营化,因为它只将国有企业所有权的一小部分转让给公众,对减少国家在企业决策中的主导作用几乎没有作用。

此后几年,我国政府认识到股权分置带来的严重问题,这些问题阻碍了我国金融市场的运行和发展。经过几次失败的民营化尝试,2005年4月,我国政府启动了股权分置改革,全面放开国有股流通。证监会提出的股权分置改革目标是"建立现代公司治理结构,提高资本配置和利用效率,优化资本结构,提高投资回报率",截至2011年年底,样本企业99%完成了股权分置改革。尽管股权分置改革是强制性的,但在流通股股东与非流通股股东的谈判过程中,几乎没有监管干预。因此,股权分置改革是一种外生的政策冲击,没有政府的直接干预。

股权分置改革涉及流通股股东与非流通股股东之间的谈判,该谈判一般分为若干步骤。首先,在三分之二以上的非流通股股东同意改革后,董事会授权管理层与证券交易所建立初步改革时间表。接下来,非流通股股东提出一项改革计划,明确非流通股股东打算向流通股股东支付的对价,以换取转换许可。对价可以采取现金、股票、股票期权和/或认股权证的形式。控股股东也参与其控制的组织机构的变更、资产重组或者与其他关联方合并。此外,控股股东对派息和未来注资做出承诺,使该提案对流通股股东更有吸引力。然后,可交易股东审查提案并提供反馈。在流通股股东和非流通股股东就提案条款进行几轮谈判后,流通股股东投票表决股改方案。上市公司股票在表决日停止交易。经三分之二以上流通股股东通过的,报证监会批准。证监会批准后,改革方案生效,交易恢复。为稳定股市,非流通股将在12个月内保持非流通状态。最后,经过12个月的锁定期,非流通股可以作为正常流通股进行交易。但是,持有公司已发行股份5%以上的非流通股股东,可以在禁售期后12个月内出售不超过5%的已发行股份,也可以在禁售期后24个月内出售不超过10%的已发行股份。尽管股改并没有立即将国有企业转变为纯粹的私营实体,但它允许其最初不能交易的股份在交易所自由交易,并通过消除向公众投资者转让国有股的法律和技术障碍,产生了进一步民营化的预期(Liao et al., 2014)。股权分置改革反过来会改变国有企业的投资策略,比如对创新的投资。

3.3 研究设计

3.3.1 数据来源与样本选择

我们的完整样本包括从2000年到2011年的12年间,对1 289家非金融企业(包括801家国有企业和488家非国有企业)的13 977个企业年度观察。样本期从2000年开始,是因为我国从当年起对上市公司采用一套一致、统一的会计准则。由于我们的目的是研究股权分置改革对现有国有企业和非国有企业的差别效应,因此我们要求样本公司在2004年年底,即股权分置改革前的上海证券交易所或深圳证券交易所上市。截至2011年年底,除6家国有企业和2家非国有企业外,所有样本企业均已完成股权分置改革。除了对全样本进行了多元DID回归分析,我们还对倾向得分匹配公司的子样本进行了单变量DID分析。

我们从多个渠道获得样本公司的信息。其中,专利授权信息来自国家知识产权局,我国上市公司的财务信息来源于中国经济金融研究数据库(CSMAR),用于定义国有企业和非国有企业的企业所有权数据来自CSMAR数据库和中国经济研究中心(CCER)数据库。我们根据公司名称来匹配专利数据和公司财务数据。另外,我们还手动检查匹配精度。

3.3.2 变量定义与说明

1. 创新

《中华人民共和国专利法》授予的专利分为三类:发明专利(第一类)、实用新型专利(第二类)、外观设计专利(第三类)。我国的发明专利(被引用专利)是针对与产品、工艺或改进有关的新技术方案而授予的,类似于美国的实用专利。我国的实用新型专利(第二类专利)是针对与产品的形状和/或结构有关的新的实用技术方案而授予的,类似于欧洲和日本的实用新型专利。第二类专利包括不符合发明专利要求,但具有更高创造性水平的产品新功能。我国的外观设计专利(第三类专利)是指与形状、图案或其组合有关的新设计,或者与美观和工业上适用的颜色、形状和/或图案的组合有关的新设计。换言之,外观设计专利保护产品的"外观",使其易于识别。CSMAR数据库涵盖了这三类专利。对于每项专利,国家知识产权局都提供申请日、申请号、出版物号、授予日和专利号,以及发明人和申请人的姓名等信息。由于外观设计专利涉及有限的技术进步,所以我们仅使用发明专利和实用新型专利来进行创新成果度量。我们从CSMAR数据库中提取样本公司(包括其子公司)提交(并最终授予)的第一类和第二类专利申请,并使用它们的和来衡量企业的创新总产出。我们衡量创新产出的第一个指标是T_number,定义为第t年申请并获得通过的专利总数;第二个指标是T_citednum,意为第t年的专利引用量。我们根据应用年份而不是授予年份来定义变量,因为已有的研究表明年份更能代表创新的实际时间(Griliches et al.,1988)。为了解决与可变偏度相关的问题,我们在分析中使用 $1+T\_citednum$ 的自然对数作为主要的创新成果度量。考虑它只衡量创新的数量,而不衡量创新的质量,因此,如果我们的研究仅基于这一指标,则很可能存在误导性,因为国有企业可能转向只生产更多低质量的专利。

现有的有关创新的文献多采用专利引用次数作为一个衡量专利质量的指标,因为它假设更具影响力和更高质量的专利有更多的后续引用。本书的研究面临的一个实际困难是 CSMAR 数据库没有提供我国专利的引文信息。因此,我们从国家专利数据库和"佰腾网"专利库中,利用爬虫技术爬取了引用率数据,将 $T\_citednum$ 作为专利引用率数据和专利质量的代理变量。为了解决与偏态性相关的问题,我们在分析中使用了 $1+T\_citednum$ 的自然对数。

2. 定义国有企业和控制变量

我们根据国有企业股权分置改革前一年的国有信息定义国有企业。我们从 CSMAR 数据库获取所有权信息。首先,通过将样本公司与 CCER 民营企业数据库匹配来识别民营企业,并将其标记为非国有企业。然后,我们通过年度报告和公开媒体手动搜索其背景信息,检查其余公司的最大控股股东是否隶属于我国政府[①]。我们在剩余样本中依据以下两个原则筛选出国有企业——其最大股东直接或间接隶属于我国政府或者政府持有公司至少 25% 的已发行股份[②],根据以上步骤,确定了 801 家国有企业和 488 家非国有企业作为样本。

如前文所述,股权分置改革的特点是上市公司的非流通股强制转换为流通股。所有非流通股上市公司,无论是国有企业还是非国有企业,都必须参与股权分置改

[①] 因为 CSMAR 数据库提供的状态所有权信息不可靠,所以我们遵循此过程来标识国有企业。CSMAR 数据库包含许多错误分类或缺少状态和非状态所有权的值。

[②] 本书使用 25% 的阈值来确保政府对上市公司有重大影响。如果我们将界定国有企业的阈值设定为 20%、30% 或 50%,则我们的主要发现不会改变。如果我们使用 Liao et al.(2014)所使用的 25% 阈值作为国有企业的替代定义,以确保政府对上市公司具有重大影响,则我们的结果仍然有效。

革。截至 2011 年年底,除 6 家国有企业和 2 家非国有企业外,我们样本中的所有企业都完成了股权分置改革。我们将股改完成年份定义为公司非流通股转换方案最终确定的年份。

根据创新有关的文献,我们在分析中控制了可能影响企业创新产出的企业和行业特征向量。我们的控制变量包括企业规模、上市至今的时长、杠杆率、有形资产、调整后的资产收益率(由 ROA 获取)和销售增长率等。表 3.1 提供了分析中使用的变量名称与其详细定义。

表 3.1 变量名称与其详细定义

变量名称	变量定义
T_number	第 t 年的专利产出数量
T_citednum	第 t 年的专利引用量
SOE	解释变量,如果股权分置改革之前,政府直接或间接地控制了企业 25% 及以上的股份,或者数据库中实际控制人是中央政府或者地方政府,那么记录该企业在股权分置改革之前的解释变量为 1,否则为 0
Size	企业规模,取年初资产与年末资产的平均值,并取对数
Leverage	企业杠杆率,取企业年末负债与年末资产之比
Income_grow	企业销售增长率,第 t 年年末销售收入与 $t-1$ 年年末销售收入之差,除以 $t-1$ 年年末收入
Age_list	企业上市至今的时长
Tangibility	企业有形资产
Roa_adju	调整后的资产收益率
Related_trans	企业关联交易数目

3.3.3 实证策略

评估民营化对创新的影响的标准方法是运行 OLS 估计。然而,正如我们之前所讨论的,这种方法受到样本选择和内生性的影响。我们的识别策略是利用 2005 年股权分置改革的准自然试验。本书采用双重差分法来检验混合所有制改革对创新的影响。DID 有两个重要的特点:第一,排除了国有企业(实验组)和非国有企业

(对照组)中与混合所有制改革和创新相关的可能遗漏的时间趋势;第二,能够控制实验组和对照组之间持续的未观察到的差异。准自然试验环境也有一个关键的优势:股权分置改革发生在不同时间点上的不同公司。这避免了一个单一的、似乎合理的外部冲击变量的识别问题,因为单一时间点对所有企业的外生冲击,很可能会存在与这一冲击相一致的影响企业创新的潜在遗漏变量。准自然试验环境解决了这一问题。

1. DID 单因素分析

我们使用倾向性得分匹配算法构建了一个实验组和一个对照组。在应用倾向性得分匹配算法时,我们首先使用股权分置改革前一年所有样本公司的匹配变量来估计 probit 模型。在 probit 模型中,我们使用 SOE 虚拟变量作为 probit 模型的因变量,并包含一个控制变量向量,包括企业规模、杠杆率、调整后的资产收益率(ROA)、销售增长率、上市至今的时长、有形资产和专利增长,所有这些变量都是在股改前一年测量的,除了专利增长变量。我们将专利增长变量定义为股改前 3 年专利引用量 T_citednum 的平均年增长量。我们加入这个变量以确保 DID 方法的平行趋势假设的满足性[①]。我们还控制 probit 模型中的行业和年度。

2. 多元 DID

介绍了 DID 单因素分析之后,我们介绍多元 DID 测试。具体地说,我们用 1 289 家样本公司的全样本观察来估计式(3.1)中的模型。

$$y_{i,t+4} = \alpha_i + \beta SOE_i \cdot Post_{i,t} + \gamma' Z_{i,t} + \delta_t + \varphi_i + \varepsilon_{i,t} \quad (3.1)$$

其中:下标 i 代表公司,t 代表年;因变量 $y_{i,t+4}$ 表示第 $t+4$ 年的创新产出[②];SOE_i 是一个虚拟变量,当企业在股权分置改革以前为国有企业时,SOE_i 取 1,为非国有企

---

① 正如 Lemmon et al. (2010)指出的那样,平行趋势假设并不要求实验组和对照组公司或两个制度的结果变量(我们设定的创新变量)水平相同,因为这些区别在估计中是不同的。相反,这一假设要求实验组和对照组在改革前制度期间创新变量的趋势相似。

② 我们选择使用 4 年以后的创新产出变量作为因变量,因为创新过程通常需要时间来产生可观察的产出,创新是对无形资产的长期投资。如果我们使用专利产出变量作为因变量,则我们的主要结果不会改变。

业时则取 0；$Post_{i,t}$ 是一个虚拟变量，在公司完成股改后，对其取 1，否则取 0；$Z_{i,t}$ 是可能影响企业创新产出的控制变量向量组，具体定义见表 3.1；年份虚拟变量 δ_t，用来控制时间对企业创新的冲击；φ_i 用来吸收任何可能导致结果偏差的时间不变的公司不可观察特征；其他变量不作详述。我们在所有回归中按公司对标准误差进行分类。$SOE_i \cdot Post_{i,t}$ 的系数估计是为了测量股权分置改革对创新的影响，如果股权分置改革导致国有企业比非国有企业实现更大的创新产出增长，那么这个系数应该是正的，具有统计学意义。注意，我们只在回归中包含了 SOE_i 和 $Post_{i,t}$ 之间的相互作用项，而不包含虚拟变量本身，因为这两个变量被企业固定效应和年度固定效应吸收。

3.4　实证检验结果及分析

3.4.1　描述性分析

表 3.2 所示为样本的描述性统计。为了减少异常值的影响，我们将所有变量在前 1% 和后 99% 百分位处进行缩尾处理。统计结果表明，样本公司平均每年申请（并最终获得）16.11 项专利，其中 6.44 项（40%）被引用。这是因为我们的样本中包括全部类型的专利（发明专利、实用新型专利和外观设计专利）。如果只考虑相当于美国实用专利的发明专利，我国企业平均每年产生 2 项发明专利，数量上低于美国（Acharya et al.，2009；He et al.，2013）。平均来说，样本中的公司已经在交易所上市 2.3 年，年销售达 30 亿元人民币。它的资产回报率为 2.3%，年销售增长率为 7.42%。样本公司的平均净杠杆率为 −7.3%，定义为净债务（即长期债务减去现金），按净债务和股票市值之和（Bates et al.，2009）计算。这一负均值表明，在我们的样本期内，我国上市公司持有的现金往往略高于长期债务。

表 3.2 样本的描述性统计

变量名称	样本数	均值	标准差	最小值	中位数	最大值
T_number	23 288	16.11	115.718	0	0	3 970
T_citednum	23 288	6.44	73.491 8	0	0	4 778
SOE	23 288	0.71	0.455 840	0	1	1
Size	21 988	21.21	1.570 3	11.667 31	21.136 88	28.692 69
Leverage	21 991	−0.073	0.210 28	0.007 08	0.502 319	9.698 812
Income_grow	21 534	7.42	922.975 4	−0.998 559	0.113 418	134 607.1
Age_list	22 816	2.30	0.707 925	0	2.484 907	3.367 296
Tangibility	21 992	0.33	0.207 508	−0.142 075 5	0.297 860 1	0.984 977 7
Roa_adju	21 988	0.023	0.079 632	−1.716 727	−0.001 173 7	0.503 490 1
Related_trans	20 988	3.22	143.552	0	0.157 369	16 292.06

图 3.1 和图 3.2 展示了围绕股权分置改革的国有企业和非国有企业的创新产出。图 3.1 中的实线表示国有企业第一类和第二类专利的总产量,虚线表示非国有企业第一类和第二类专利的总产量。在股权分置改革前的 4 年里,国有企业和非国有企业的专利数量呈密切平行的趋势。然而,股权分置改革后,随着国有企业比非国有企业更快地产出专利,这两条线之间的差距扩大。图 3.2 展示了发明专利的数量在国有企业和非国有企业中的变化趋势。两组数据均显示,股权分置改革后,国有企业相对于非国有企业,发明专利数量和总专利数量都增长速度较快。

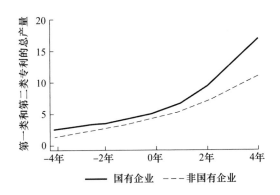

图 3.1 国有企业与非国有企业第一类和第二类专利的总产量对比图

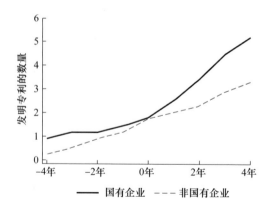

图 3.2 发明专利的数量在国有企业和非国有企业中的变化趋势

以上数据显示了国有企业和非国有企业从股权分置改革前 4 年到股权分置改革后 4 年的平均专利数量在创新方面的平均差异。图 3.1 和图 3.2 中,0 年是指公司完成股权分置改革的一年。

3.4.2 基础回归结果分析

1. 单因素 DID 分析

表 3.3 第(1)列是前文 probit 模型的结果(标记为"匹配前")。估计结果表明,调整后的 R^2 为 10.1%,总体模型适应度的 χ^2 检验的 p 值远低于 0.001,说明该模型捕捉了大部分具有国有企业特质的变量。我们使用第(1)列中的预测概率或倾向得分来执行最近邻倾向得分匹配过程。具体来说,我们将每个 SOE 公司年度观察(标记为实验组)与非 SOE 公司年度观察(标记为对照组)的倾向性得分最接近的样本都挑选出来,最终得到了 418 对一对一的配对公司(836 个观察结果)①。

由于 DID 估计的有效性在很大程度上取决于平行趋势假设的满足程度,因此我们考虑进行 3 个测试来检查平行趋势假设是否成立。首先,正如我们之前讨论过的,如图 3.1 所示,在股权分置改革之前的 4 年中,国有企业和非国有企业的专

---

① 在样本中的 488 家非国有企业中,418 家非国有企业用于单变量 DID 分析,其余 70 家非国有企业要么股改前一年企业特征缺失,要么股改后四年专利信息缺失。

利总数量呈平行趋势。然而,股权分置改革后,随着国有企业比非国有企业产出的专利更多,这两条线开始出现分歧。其次,我们使用匹配样本重新估计 probit 模型,并将估计结果记录在表 3.3 的第(2)列(标记为"匹配后")。所有自变量均无统计学意义。特别地,改革前专利增长系数的不显著性表明,实验组和对照组公司的创新成果具有相似的增长趋势。此外,调整后的 R^2 从匹配前的 0.101 显著下降到匹配后的 0.013,对模型总体拟合度的 χ^2 检验表明,我们不能拒绝第(2)列自变量的所有系数估计为零(即 p 值为 0.656)的零假设。表 3.4 展示了股改前一年实验组和对照组公司的公司特征及其相应 t 统计的单变量比较。实验组和对照组的样本公司特征在股改前的差异均不具有统计学意义。特别是股改前专利增长的单变量比较,既没有统计学意义,也没有经济意义。总的来说,诊断测试结果表明平行趋势假设没有被违背,倾向性得分匹配过程消除了实验组和对照组在股改前的特征上的显著差异。因此,这证明国有企业与非国有企业创新产出变化的差异很可能是由股权分置改革引起的。表 3.5 所示为单变量 DID 测试结果。我们利用股权分置改革前四年期间公司每年产生的专利总数与股权分置改革后四年期间公司每年产生的专利总数之差来计算每个实验组和对照组公司的 DID 估计值。表 3.5 中,第(1)列和第(2)列分别表示实验组和对照组的平均差异,第(3)列为 T_number 的 DID 估计值,即第(1)列和第(2)列之间的差异。

表 3.3 PSM 和安慰剂检验

变量名称	(1) 匹配前	(2) 匹配后
Size	0.182***	0.200
	(5.616)	(1.168)
Leverage	−0.735***	−0.916
	(−3.351)	(−1.868)
Income_grow	−0.001	0.035
	(−0.007)	(0.399)
Age_list	−0.013	−0.017
	(−0.211)	(−0.273)
Tangibility	0.617***	0.567***
	(3.178)	(2.810)

续 表

变量名称	(1) 匹配前	(2) 匹配后
Roa_adju	−0.448	−0.474
	(−1.118)	(−1.123)
_cons	−2.979***	−3.283***
	(−4.673)	(−4.340)
N	1 239	1 150
Year	是	是
Industry	是	是
Adj_R2	0.101	0.013
p	<0.001	0.656

注：***，**和*分别表示1%、5%和10%的显著性，括号内的数值为t值，下同。

表 3.4 组间 t 检验

变量名称	观测量（对照组）	均值（对照组）	观测量（实验组）	均值（实验组）	组间平均差	t
Size	348	20.171	802	20.607	−0.435	−1.560
Leverage	348	0.609	802	0.512	0.097	1.083
Income_grow	348	0.103	802	0.179	−0.076	−2.183
Age_list	348	1.824	802	1.784	0.040	0.967
Tangibility	348	0.339	802	0.376	−0.036	−1.874
Roa_adju	348	−0.074	802	−0.030	−0.045	−1.654

表 3.5 第(1)列和第(2)列的结果显示，在股改后，实验组和对照组的公司的创新产出都有所改善。更重要的是，第(3)列中的创新产出变量的 DID 估计值均为正值，在5%或1%的水平上具有统计学意义。这一发现表明，股权分置改革后，实验组的创新产出增幅大于对照组。经济效果是相当可观的：例如，对 T_citednum 的 DID 估计值为 0.254，表明相较于改革前，实验组样本的专利引用量增加了 0.254。在股权分置改革期间，实验组样本专利被引用数量的增长大于对照组。T_number 和 T_citednum 的 DID 估计值也代表了重要的经济意义。来自单变量的证据表明，与股改后的非国有企业相比，国有企业的创新产出增长幅度更大。这一发现表

明,股权分置改革与我国企业的创新具有积极的因果关系,进而证明混合所有制改革是有利于创新的。

表3.5 单变量DID测试结果

变量名称	(1) 实验组 (After-Before)	(2) 对照组 (After-Before)	(3) DID估计值 (T_number)	(4) DID估计值 (T_citednum)
Size	0.200***	0.200***		
	(5.168)	(5.168)		
Leverage	−0.916***	−0.916***		
	(−3.868)	(−3.868)		
Income_grow	0.035	0.035		
	(0.399)	(0.399)		
Age_list	−0.017	−0.017		
	(−0.273)	(−0.273)		
Tangibility	0.567***	0.567***		
	(2.810)	(2.810)		
Roa_adju	−0.474	−0.474		
	(−1.123)	(−1.123)		
SOE			0.218**	0.287***
			(2.180)	(2.940)
Post			0.173	−1.994
			(0.033)	(−0.744)
DID			2.104**	0.254**
			(2.329)	(2.450)
Year			控制	控制
Industry			控制	控制
_cons	−3.283***	−3.283***	−11.577***	3.607***
	(−4.340)	(−4.340)	(−9.849)	(7.698)
N	1 150	1 150	20 532	20 532
p	0.000	0.000		
Adj_R2			0.036	0.021

注:***,**和*分别表示1%,5%和10%的显著性。

2. 多元 DID 分析

我们进一步采用多元 DID 回归进行分析。具体来说,我们用 1 289 个样本公司的观察值来估计式(3.1)所示的模型。

表 3.6 是以上模型〔式(3.1)〕的回归结果。第(1)列将 T_number 作为因变量。交互项的系数在 1% 的水平上为正且显著,与单变量分析结果一致,表明股权分置改革对企业创新产出的影响是显著的。DID 系数表明,与股权分置改革之前的创新产出相比,改革 4 年后国有企业的创新产出增长比非国有企业高 18.5%。第(2)列将 T_citednum(创新质量)作为因变量。相互作用项的系数为正,且在 1% 的水平上显著,这表明与股权分置改革之前的专利质量相比,改革 4 年后国有企业的专利被引用量增幅比非国有企业高出 13.2%。表 3.6 的回归结果表明,股权分置改革与企业创新具有积极的因果关系,这进一步说明混合所有制改革有利于企业创新的数量和质量。

表 3.6 模型的 DID 回归结果

变量名称	(1) T_number_{t+4}	(2) $T\_citednum_{t+4}$
$SOE_i \cdot Post_i$	0.185***	0.132***
	(2.870)	(3.853)
Size	6.391***	2.251***
	(4.230)	(2.910)
Leverage	−7.906*	−1.795
	(−1.657)	(−1.037)
Income_grow	−0.000***	−0.000***
	(−3.072)	(−5.087)
Age_list	1.509	1.060
	(0.479)	(0.947)
Tangibility	−4.823	0.925
	(−0.815)	(0.465)
Roa_adju	−18.679**	−3.760
	(−2.480)	(−1.050)

续表

变量名称	(1) T_number$_{t+4}$	(2) T_citednum$_{t+4}$
Year	控制	控制
Industry	控制	控制
_cons	−123.166***	−45.258***
	(−4.197)	(−3.005)
N	19 038	19 038
p	0.000	0.000
Adj_R2	0.034	0.020

注：***，** 和 * 分别表示 1%，5% 和 10% 的显著性。

3.5 稳健性检验

本节通过执行两个附加测试来检验基准 DID 的稳健性。首先，尽管前文指出股权分置改革对我国的混合所有制改革似乎是一个外生冲击，但由于对企业创新产出的预期可能会影响股权分置改革的执行，因此现有结果仍然可能受到反向因果关系的影响。例如，政府可能更容易选择那些更容易有创新成果的企业，率先参与股权分置改革。另一个问题是国有企业和非国有企业之间创新产出的一些先前趋势，甚至在没有进行股权分置改革的情况下，也可能导致我们观察到的结果。为了解决这一问题，根据 Bertrand et al. (2003) 的研究，我们建立如下动态 DID 方程。

$$y_{i,t} = \alpha_i + \beta_1 \text{SOE}_i \cdot \text{Before}_{i,t-1} + \beta_2 \text{SOE}_i \cdot \text{Current}_{i,t+0} + \beta_3 \text{SOE}_i \cdot \text{After}_{i,t+1} + \beta_4 \text{SOE}_i \cdot \text{After}_{i,t+2} + \beta_5 \text{SOE}_i \cdot \text{After}_{i,t+3} + \beta_6 \text{SOE}_i \cdot \text{After}_{i,t+4+} + \tau_1 \text{Before}_{i,t-1} + \tau_2 \text{Current}_{i,t+0} + \tau_3 \text{After}_{i,t+1} + \tau_4 \text{After}_{i,t+2} + \tau_5 \text{After}_{i,t+3} + \tau_6 \text{After}_{i,t+4+} + \gamma' Z_{i,t} + \delta_t + \varphi_i + \varepsilon_{i,t} \quad (3.2)$$

其中，Before$_{i,t-1}$ 是虚拟变量，如果观察到公司处于完成股改之前的一年，则取值为 1，否则为 0。Current$_{i,t+0}$ 是虚拟变量，如果观察到公司处于完成股权分置改革之前,则取值为 0;如果观察到公司处于股权分置改革完成的一年,则取值为 1。同样,$After_{i,t+1}$,$After_{i,t+2}$,$After_{i,t+3}$ 是虚拟变量,如果观察到公司处于完成股权分置改革后的第 1 年、第 2 年和第 3 年,则取值为 1,否则为 0。$After_{i,t+4+}$ 是一个虚拟变量,从股改后的第 4 年开始,所有年份的值均为 1,否则为 0。所有其他变量的定义与式(3.1)中相同。β_1 和 β_2 是我们关注的关键变量,如果国有企业和非国有企业的创新产出存在以往的趋势,则应观察到统计学上显著的系数估计 β_1 和 β_2。

表 3.7 给出了式(3.2)的回归结果。该回归旨在检查股权分置改革年份的创新产出。如果样本年度处于股权分置改革的前一年,那么虚拟变量 before_1 等于 1。如果样本年度处于股权分置改革的 t 年后($t \in \{1,2,3,4+\}$),那么虚拟变量 After 则等于 1。_current 是股改年度的虚拟变量。表 3.7 中的所有回归均控制了公司固定效应和年度固定效应。括号中的 t 统计量基于企业聚集的标准误差。β_1 和 β_2 的系数估计值都不显著,这表明在股权分置改革之前,国有企业和非国有企业在创新产出方面没有表现出明显不同的趋势。虽然 β_3 的系数估计为正且微不足道,但 β_4,β_5 和 β_6 的系数估计为正且显著,与基准结果一致。另外,虽然 β_3 不显著,但 β_4,β_5 和 β_6 显著,这表明股权分置改革后需要一段时间来观察企业的创新产出,因为创新代表对无形资产的长期投资。

表 3.7 稳健性检验_动态

变量名称	(1) T_number	(2) T_citednum
SOE_before_1	0.027	0.031
	(0.645)	(0.836)
SOE_before_2	0.042	0.048
	(1.523)	(0.882)
SOE_current	0.021	0.043
	(1.721)	(1.364)
SOE_after_1	0.172**	0.109*
	(2.322)	(2.080)

续 表

变量名称	(1) T_number	(2) T_citednum
SOE_after_2	0.172**	0.109**
	(2.322)	(2.412)
Post	0.872	3.079
	(0.176)	(1.421)
SOE	0.071	0.026
	(1.52)	(1.93)
DID	0.204***	0.688***
	(2.890)	(3.281)
Size	6.381***	2.251***
	(4.228)	(2.917)
Leverage	−7.925*	−1.809
	(−1.662)	(−1.036)
Income_grow	−0.000***	−0.000***
	(−2.981)	(−5.037)
Age_list	1.503	1.058
	(0.478)	(0.941)
Tangibility	−4.845	0.928
	(−0.818)	(0.466)
Roa_adju	−18.514**	−3.737
	(−2.476)	(−1.063)
Year	控制	控制
Firm	控制	控制
_cons	−122.941***	−45.244***
	(−4.195)	(−3.013)
N	19 038	19 038
p	0.000	0.000
Adj_R2	0.034	0.020

注：***，** 和 * 分别表示1%，5%和10%的显著性。

3.6 进一步分析:可能的潜在机制

前文确定了股权分置改革与企业创新有正向的因果关系,那么股权分置改革是通过哪些路径或机制来促进企业创新的呢?在本节中,我们假设民营化通过3种可能的潜在机制来鼓励企业创新:提高控股股东和少数股东的利益一致性(改善第二类代理问题),提高股价信息含量(提高资本市场定价效率)以及增强股东之间的风险分担。

3.6.1 改善第二类代理问题

股权分置改革促进创新的第一种可能的潜在机制是促进了控股股东和小股东之间的利益一致,改善了控股股东和小股东之间的第二类代理问题。正如 Grossman et al. (1988) 和 Shleifer et al. (1997) 所言,控股股东有动力以牺牲少数股东的利益为代价追求私人利益。股改前的股权分置加剧了国有企业面临的利益冲突。非国有企业的控股股东以持有流通股为主,国有企业的控股股东(即我国政府及其关联方)以持有非流通股为主。由于国有企业的股权是非流通股,国有企业的控股股东很少从股价上涨中获益,因此,他们对投资能够提升公司股价和市值的长期增值项目(如创新)的动机有限。相反,他们可能有动机基于政治考虑将企业资源用于自己的仕途等。例如,政府关联控股股东可以要求国有企业促进当地就业或从事对政府具有战略重要性的项目,即使这些活动不符合少数股东的最佳利益。政府控股股东甚至可以通过各种掏空行为直接利用少数股东。股权分置改革的主要目的之一是协调流通股股东和非流通股股东的利益。虽然股改引发的混合所有制预期并不能完全消除控股股东与中小股东之间的利益冲突,但是股改后控股股东可以从股价上涨中受益,这意味着激励控股股东投资更多的增值项目,因此大大地缓解了股东之间的利益冲突。

如果促进了控股股东与中小股东之间的利益一致是股权分置改革促进企业创新的一种内在机制,那么在股改前利益冲突比较严重的企业中,民营化对创新的积极作用应该更加明显。根据 Liao et al.(2014)的研究,我们将关联交易作为我国国有企业控股股东和少数股东之间潜在利益冲突的代理变量。通过关联交易,公司价值可以在上市公司和控股股东之间转移。现有文献表明,关联交易是我国大股东最广泛使用的寻租方式之一(Cheung et al.,2006;Liao et al.,2014)。因此,我们利用关联交易量来衡量控股股东和少数股东之间的利益冲突程度。我们定义 Related_trans 为关联交易数目(与关联交易的金额),并从 CSMAR 数据库获取有关关联交易的信息。我们基于改革前公司的平均关联转移率是否高于或低于样本中位数,将样本分为高组、低组。在大股东和小股东之间利益不一致的情形下,大部分关联交易不利于少数股东。因此,具有中等以上关联交易的公司被认为在改革前更容易受到控股股东和少数股东之间利益冲突的影响,那么它们应该更多地受益于股权分置改革的利益一致效应。为了验证这一猜想,我们分别对两个子样本执行式(3.1)所示模型中的 DID 检验。

表3.8所示为根据股改前关联交易规模进行高低组分组检验的结果。在第(2)列和第(4)列中,DID 估计值在1%的水平上是正的和显著的,这表明在股权分置改革之前,关联交易较多的公司,股改后企业的创新专利总产出和引用量都显著提高,这也意味着股改前这类企业的控股股东和少数股东之间的利益冲突更为严重。然而,第(1)列和第(3)列为改革前关联交易较少的公司的结果,DID 估计值小得多。表3.8中第(1)列和第(3)列的系数分别为0.015和2.365,均不显著,但第(2)列和第(4)列的系数分别为0.237和0.148,均在1%显著性水平上显著。表3.8中的数据表明,在股改前关联交易较多的公司中,股权分置改革对创新的影响更为显著。进一步地,为了检验国有企业和非国有企业股改后的关联交易下降幅度是否有显著不同,我们对表3.8国有企业和非国有企业中高组、低组的系数差异性分别做了显著性测试,结果如表3.9所示。我们发现 T_number 和 T_citednum 的分组系数比较均显著为正,且均在1%显著性水平上显著,这进一步验证了"控股股东和小股东利益一致"。

表 3.10 所示为 DID 测试的回归结果。DID 估计值为负且显著,表明围绕股权分置改革,国有企业关联交易减少的幅度大于非国有企业。这证明了股权分置改革促进了国有企业控股股东和少数股东之间的利益一致,缓解了第二类代理问题,与前文观点一致。

表 3.8 按关联交易规模进行高低组分组检验的结果①

变量名称	(1) T_number_低	(2) T_citednum_高	(3) T_number_低	(4) T_citednum_高
DID	0.015 (0.881)	0.237*** (3.462)	2.365 (1.277)	0.148*** (3.288)
Size	4.659*** (4.046)	7.872*** (2.899)	0.994 (1.473)	3.416** (2.360)
Leverage	−1.642 (−0.217)	−11.960* (−1.699)	1.287 (0.533)	−4.086 (−1.440)
Income_grow	−0.001 (−1.363)	−0.000** (−2.196)	−0.001*** (−7.277)	−0.000*** (−3.914)
Age_list	5.651 (1.394)	−2.416 (−0.546)	2.793* (1.789)	−0.523 (−0.334)
Tangibility	−14.079 (−1.409)	3.855 (0.539)	−0.358 (−0.117)	2.100 (0.816)
Roa_adju	−8.522 (−0.873)	−26.228** (−2.258)	3.736 (0.699)	−10.954** (−2.115)
Year	控制	控制	控制	控制
Firm	控制	控制	控制	控制
_cons	−91.919*** (−4.067)	−149.791*** (−2.830)	−22.592* (−1.899)	−66.175** (−2.307)
N	9 552	9 486	9 552	9 486
p	0.000	0.000	0.000	0.000
Adj_R2	0.068	0.023	0.047	0.014

注:***,** 和 * 分别表示 1%,5% 和 10% 显著性水平。

① 与表 3.3 中的分析类似,我们估计了具有固定和年度效应的模型。

表 3.9 关联交易分组系数比较

变量名称	(1) T_number 分组系数比较	(2) T_citednum 分组系数比较
DID	0.479***	0.286***
	(4.121)	(3.866)
Size	3.416**	3.416**
	(2.360)	(2.360)
Leverage	−4.086	−4.086
	(−1.440)	(−1.440)
Income_grow	−0.000***	−0.000***
	(−3.914)	(−3.914)
Age_list	−0.523	−0.523
	(−0.334)	(−0.334)
Tangibility	2.100	2.100
	(0.816)	(0.816)
Roa_adju	−10.954**	−10.954**
	(−2.115)	(−2.115)
Year	控制	控制
Industry	控制	控制
_cons	−66.175**	−66.175**
	(−2.307)	(−2.307)
p	0.000	0.000
Adj_R2	0.014	0.014

注：***，** 和 * 分别表示 1%，5% 和 10% 的显著性。

表 3.10 DID 测试的回归结果

变量名称	Related_trans
DID	−0.737***
	(−3.604)
Size	−0.160
	(−0.353)
Leverage	3.463
	(0.589)

续表

变量名称	Related_trans
Income_grow	−0.000
	(−1.031)
Age_list	0.209
	(0.116)
Tangibility	3.087
	(0.540)
Roa_adju	−30.342
	(−1.192)
Year	控制
_cons	4.921
	(0.528)
N	18 167
p	0.485
Adj_R2	0.002

注：***，** 和 * 分别表示1%，5%和10%的显著性。

3.6.2 提高资本市场定价效率

股权分置改革促进创新的第二种可能机制是提高了股价的信息含量，提高了资本市场的定价效率。这主要源于两个方面：首先，由于信息不对称，创新型公司往往会被外部投资者低估，这使得管理者无法投资于长期、高风险的创新项目(Bhattacharya et al.，1983；Stein，1988)，由于股价向投资者传递的信息较少，因此其无法有效地反映公司价值，资本市场定价的低效率以及较少的股价信息含量加剧了创新活动以及创新型公司的被低估程度，因此进一步抑制了企业创新；其次，由于很大一部分股票是流动性为零的非流通股，股东无法通过判断股价的涨跌来有效地监督管理者的管理水平并提高企业绩效，因此，股东在监督其管理者方面有更大的困难(Gupta，2005)[①]。

---

① 从历史上看，中国股市缺乏信息效率(Morck et al.，2000)。现有的经验证据表明，这一问题对于上市国有企业的股票尤其严重。例如，Gul et al.(2010)发现，当一家中国上市公司的第一大股东与中国政府有关联时，其股价包含的具体公司信息较少。

已有研究表明,印度的民营化进程通过提高股价的信息传递效率进而提升了印度国有企业的盈利能力(Gupta,2005)。与此类似,股权分置改革在一定程度上提高了国有企业股价的信息含量,缓解了企业与投资者之间的信息不对称,促进了国有企业的创新产出。基于这一观点,我们假设股改前股价信息传递效率较低的国有企业,在股改后创新产出会有较大幅度的提升。

为验证这一机制,我们对股改前具有不同股价信息含量的子样本进行了 DID 检验。根据 Gul et al.(2010)的研究,我们利用股价同步性指标作为股价信息含量的代理变量。我们将信息含量定义为 $1-R^2$ 的 logit 变换,其中 R^2 的测算由式(3.3),利用每年的每日股票回报率得到。

$$\mathrm{RET}_{i,t} = \alpha_i + \beta_1 \mathrm{MKTRET}_t + \beta_2 \mathrm{MKTRET}_{t-1} + \beta_3 \mathrm{INDRET}_t + \beta_4 \mathrm{INDRET}_{t-1} + \varepsilon_{i,t} \quad (3.3)$$

在式(3.3)中,$\mathrm{RET}_{i,t}$ 是第 t 天公司 i 的股票日收益率,MKTRET_t 是第 t 天价值加权的我国市场收益,而 INDRET_t 是第 t 天价值加权的行业收益。根据 Gul et al.(2010)的研究,我们至少需要 200 个交易日的收益数据来估算 Info 变量。

先前的研究认为,信息可以捕捉其股价反映的公司特定信息量(Ferreira et al.,2007;Chen et al.,2007;Gul et al.,2010)。如果公司的股价包含较少的公司特定信息,则市场模型将解释其价格波动的较大部分,从而导致较高的 R^2。

表 3.11 所示为针对股价信息的横断面测试结果,使用创新结果变量作为因变量,根据公司的平均改革前信息低于样本中位数(低)还是高于样本中位数(高),对子样本进行划分。

表 3.11 针对股价信息的横断面测试结果

变量名称	(1)	(2)	(3)	(4)
	T_number$_{t+4}$		T_citednum$_{t+4}$	
分组	低	高	低	高
SOE·Post	0.187***	0.038	0.171***	0.047
	(2.771)	(0.536)	(3.251)	(0.884)
Leverage	0.011	0.011	0.058	−0.049
	(0.127)	(0.103)	(0.814)	(−0.716)

续 表

变量名称	(1)	(2)	(3)	(4)
	T_number_{t+4}		$T\_citednum_{t+4}$	
Tangibility	0.014	−0.105	−0.119	−0.026
	(0.078)	(−0.721)	(−0.922)	(−0.279)
Profitability	0.204	0.100	0.069	0.083
	(0.561)	(0.726)	(0.260)	(0.876)
SalesGrowth	0.013	−0.021	0.009	−0.023**
	(0.343)	(−1.191)	(0.333)	(−2.158)
Log(Age)	0.194	0.083***	0.104**	0.067***
	(1.498)	(2.675)	(2.490)	(3.611)
_cons	−3.546***	−1.489**	−1.878**	−1.210***
	(−2.876)	(−2.288)	(−2.246)	(−3.069)
Year	是	是	是	是
Firm	是	是	是	是
观测值	4 214	4 261	4 214	4 261
Adj_R2	0.792	0.777	0.750	0.731
χ^2 Test	2.640*		3.310*	
p	0.10		0.07	

注:由于 SOE 和 Post 的系数已经在公司固定效应中被吸收,因此表中只显示 SOE·Post;括号中的 t 值基于企业聚集的标准误差;***,** 和 * 分别表示 1%,5% 和 10% 的显著性。

我们的分析基于这样一个前提,即与非国有企业相比,股权分置改革提高了国有企业的股票市场效率,并提高了其股价信息。为了验证这一推测,我们研究了 SOE·Post 框架中围绕股改的股价信息变化,结果如表 3.12 所示。表 3.12 中的回归模型将 Info 作为因变量。我们观察到 SOE·Post 估计在 1% 的水平上是积极且显著的,这表明在股改后,国有企业的股价信息含量比非国有企业更高。这一发现与民营化有助于提高股价信息的观点一致。表 3.11 表明,股价传递信息能力的增强,可能是股改促进公司创新水平提高的一种潜在机制。

表 3.12　股权分置改革对股价信息的影响

变量名称	回归系数
SOE·Post	0.079***
	(2.753)
Leverage	0.166***
	(4.979)
Tangibility	−0.009
	(−0.131)
Profitability	0.049
	(0.448)
SalesGrowth	0.087***
	(9.301)
Log(Age)	0.268***
	(4.757)
Log(Sales)	−0.110***
	(−9.125)
_cons	2.722***
	(11.258)
Firm	是
Year	是
观测值	12 629
Adj_R2	0.286

注：由于 SOE 和 Post 的系数已经在公司固定效应中被吸收，因此表中只显示 SOE·Post；括号中的 t 值基于企业聚集的标准误差；***，** 和 * 分别表示 1%，5% 和 10% 的显著性。

3.6.3　增强股东之间的风险分担

股权分置改革促进公司创新的第三种可能的机制是增强股东之间的风险分担。自 20 世纪 80 年代末以来，我国政府将维护社会稳定作为发展的重中之重。但是，技术创新需要长期投资于无形资产，并且伴随着高风险和不可预测的投资回报(Holmstrom，1989)。国有企业在遭受重大创新失败后可能会陷入财务困境。如果发生这种不利的情况，国有企业可能无法提供控制股东(政府)所需的稳定现金流，从而导致大量员工被解雇。国企的大规模裁员反过来会增加社会动荡，这与社会稳定的目标相悖。因此，代表政府的控股股东进行技术创新的意愿有限。

股权分置改革可以实现控股股东与少数股东之间的风险分担。股权分置改革后，控股股东可以通过向公众出售部分股份并将所得收益投资于其他项目来实现民营资本更大程度地进入企业，控股股东将更有可能投资于风险较大的创新项目。相对于非国有企业而言，由于国有企业股改之前持有更多的非流通股，所以非国有股东的加入可以让国有企业实现股权多元化，股东之间风险分担的边际收益比非国有企业更大。

根据以上分析，如果股东间分担风险是提高企业创新力的一种可能机制，那么股改对企业创新的边际效应对那些面临更高风险的企业（即企业股东的多元化需求更大）的影响会更大。我们使用公司的股本回报率（ROE）波动率（代表股本改革前所有会计年度内公司 ROE 的标准偏差）来代替公司风险。然后，我们将样本按 ROE 波动率的中位数进行划分，并检查 DID 估计值在这两个子样本中的变化情况。

表 3.13 给出了按照 ROE 波动率的中位数所划分的子样本的估计结果。我们在第(1)列和第(3)列中给出了 ROE 波动率低于中值的公司的结果，在第(2)列和第(4)列中给出了 ROE 波动率高于中值的公司的结果。DID 变量的系数 SOE·Post 仅在具有较高 ROE 波动率的公司子样本中具有统计意义。高风险组中 DID 估计值的大小是低风险组中相应估计值的 3~5 倍。Wald 检验结果表明，低风险组的 DID 估计值与高风险组的 DID 估计值在统计上不同。值得注意的是，风险分担机制认为，股权分置改革可以使控股股东分散其投资组合，从而更好地与少数股东共享风险。但是，这并不意味着股改后的公司风险一定会降低。因此，与我们在其他两种机制中所做的测试不同，这种机制背后的原理并不需要我们检查由于股权分置改革带来的公司风险的变化。

总体而言，表 3.13 的结果表明，股改对公司创新的积极影响主要是由风险较高的公司驱动的，这些公司的股东对风险分担的需求更大，因此从股改后的多元化中受益更多。表 3.14 中主要解释变量的系数也显著为正，表明国有企业和非国有企业的系数的确存在显著差异。进一步地，表 3.15 的 DID 测试结果证明国有企业在股权分置以后的风险承担能力有了显著的改善，这一发现与我们的推测一致，即股权分置改革通过股东之间更大程度的风险分担来增强公司的创新能力。

表 3.13 按照 ROE 波动率的中位数所划分的子样本的估计结果

变量名称	(1) T_number_低	(2) T_citednum_高	(3) T_number_低	(4) T_citednum_高
SOE·Post	0.038	0.187***	0.417	0.677***
	(2.181)	(2.814)	(0.751)	(3.855)
Size	10.283***	2.891***	3.300*	0.932***
	(3.102)	(3.247)	(1.911)	(2.640)
Leverage	−11.387	−4.594	−1.809	−0.319
	(−1.109)	(−0.982)	(−0.397)	(−0.380)
Income_grow	−0.039***	−0.000**	−0.006	−0.000***
	(−3.686)	(−2.030)	(−1.547)	(−4.778)
Age_list	0.082	0.186	1.184	−0.224
	(0.014)	(0.103)	(0.577)	(−0.429)
Tangibility	−6.064	−3.600	4.427	−2.121*
	(−0.465)	(−1.058)	(1.019)	(−1.886)
Roa_adju	−0.507	−6.779	5.858	0.601
	(−0.033)	(−0.837)	(0.679)	(0.354)
Year	控制	控制	控制	控制
_cons	−199.997***	−54.464***	−68.661**	−17.394***
	(−3.102)	(−3.268)	(−2.074)	(−2.596)
N	9 805	9 233	9 805	9 233
p	0.000	0.000	0.000	0.000
Adj_R2	0.037	0.063	0.023	0.072

注:括号中的 t 值基于企业聚集的标准误差;***,** 和 * 分别表示 1%,5% 和 10% 的显著性。

表 3.14 风险分担分组系数比较

变量名称	(1) T_number 分组系数比较	(2) T_citednum 分组系数比较
SOE·Post	1.677***	1.677**
	(2.855)	(2.855)
Size	0.932***	0.932***
	(2.640)	(2.640)

续　表

变量名称	(1) T_number 分组系数比较	(2) T_citednum 分组系数比较
Leverage	−0.319	−0.319
	(−0.380)	(−0.380)
Income_grow	−0.000***	−0.000***
	(−4.778)	(−4.778)
Age_list	−0.224	−0.224
	(−0.429)	(−0.429)
Tangibility	−2.121*	−2.121*
	(−1.886)	(−1.886)
Roa_adju	0.601	0.601
	(0.354)	(0.354)
Year	控制	控制
_cons	−17.394***	−17.394***
	(−2.596)	(−2.596)
p	0.000	0.000
Adj_R2	0.072	0.072

注：括号中的 t 值基于企业聚集的标准误差；***，** 和 * 分别表示 1%，5% 和 10% 的显著性。

表 3.15　按照风险分担做 DID 测试的结果

变量名称	Roa_adju
SOE·Post	0.031**
	(2.546)
Size	0.035***
	(4.354)
Leverage	−0.398***
	(−3.208)
Income_grow	0.000***
	(10.463)
Age_list	0.034*
	(1.942)

续表

变量名称	Roa_adju
Tangibility	0.002
	(0.063)
Roa_adju	2.890***
	(8.971)
Year	控制
_cons	−0.555***
	(−4.286)
N	19 009
p	0.000
Adj_R2	0.106

注:括号中的 t 值基于企业聚集的标准误差;***,** 和 * 分别表示 1%,5% 和 10% 的显著性。

3.7 本章结论及政策建议

在本章中,我们研究了民营化与技术创新的因果关系。我们探索了一个拟自然的试验,即我国 2005 年的股权分置改革所产生的可能的外源性民营化变化,该改革强制性地将控股股东持有的非流通股转换为可以在交易所自由交易的流通股并开放国有企业的民营化。利用这一独特的外生冲击,本书使用双重差分法(DID)检验民营化后混合所有制的股权形式与企业创新的因果关系,证明了 2005 年国有企业的民营化进程与技术创新具有正向促进的因果关系,动态 DID 测试表明,这一因果关系不受股改之前创新产出趋势的影响。进一步的研究表明,改善第二类代理问题、提高股价信息含量、增强股东之间的风险分担是民营化增强企业创新的 3 种可能的潜在机制。

本章参考文献

ACHARYA V V, SUBRAMANIAN K V, 2009. Bankruptcy Codes and

Innovation[J]. Cepr Discussion Papers, 22(12):4949-4988.

BATES T W, KAHLE K M, STULZ R M, 2009. Why do US firms hold so much more cash than they used to? [J]. Journal of Finance, 64(3):1985-2021.

BERTRAND M, MULLAINATHAN S, 2003. Enjoying the quiet life? Corporate governance and managerial performance[J]. Journal of Political Economy, 111(4): 1043-1075.

BHATTACHARYA S, RITTER J, 1983. Innovation and communication: signaling with partial disclosure[J]. Review of Economic Studies, 50(2): 331-346.

CHEN Q, GOLDSTEIN I, JIANG W, 2007. Price informativeness and investment sensitivity to stock price[J]. Review of Financial Studies, 20(5): 619-650.

CHEN Q, CHEN X, SCHIPPER K, et al, 2012. The sensitivity of corporate cash holdings to corporate governance[J]. Review of Financial Studies, 25(12): 3610-3644.

CHEUNG Y L, RAU P R, STOURAITIS A, 2006. Tunneling, propping, and expropriation: evidence from connected party transactions in Hong Kong[J]. Journal of Financial Economics, 82(2):343-386.

DINC I S, GUPTA N, 2011. The Decision to Privatize: Finance and Politics[J]. Journal of Finance, 66(1):241-269.

FERREIRA M A, LAUX P A, 2007. Corporate governance, idiosyncratic risk, and information flow[J]. Journal of Finance, 62(5): 951-989.

FLORIO M, 2004. The great divestiture: evaluating the welfare impact of the British Privatizations, 1979—1997[M]. Cambridge and London: MIT Press.

FIRTH M, LIN C, ZOU H, 2010. Friend or foe? The roles of state and mutual fund ownership in the split share structure reform in China[J]. Journal of Financial and Quantitative Analysis, 45(3), 685-706.

GRILICHES Z, PAKES A, HALL B, 1986. The value of patents as indicators of inventive activity[J]. NBER working paper.

GOYAL A, JATEGAONKAR S, MEGGINSON W, et al, 2014. Whence the privatized firm dividend premium? [J]. NBER working paper.

GROSSMAN S J, HART O D, 1988. One share-one vote and the market for corporate control[J]. Journal of Financial Economics, 20(3):175-202.

GUL F A, KIM J B, QIU A A, 2010. Ownership concentration, foreign shareholding, audit quality, and stock price synchronicity: evidence from China [J]. Journal of Financial Economics 95, 425-442.

GUPTA N, 2005. Partial privatization and firm performance[J]. Journal of Finance 60, 987-1015.

HE J, TIAN X, 2013. The dark side of analyst coverage: the case of innovation [J]. Journal of Financial Economics, 109(3): 856-878.

HOFF K, STIGLITZ J, 2004. After the big bang? Obstacls to the emergence of the rule of law in post-communist societies[J]. American Economic Review, 94 (4): 753-763.

HOLMSTROM B, 1989. Agency costs and innovation[J]. Journal of Economic Behavior and Organization, 12(10): 305-327.

LEMMON M, ROBERTS M R, 2010. The response of corporate financing and investment to changes in the supply of credit[J]. Journal of Financial and Quantitative Analysis, 45(3): 555-587.

LERNER J, SORENSEN M, STROMBERG P, 2011. Private equity and long-run investment: the case of innovation [J]. Journal of Finance, 66(2): 445-477.

LI K, WANG T, CHEUNG Y, et al, 2011. Privatization and risk sharing: evidence from the split share structure reform in China[J]. Review of Financial Studies, 24(5): 2499-2525.

LIAO L, LIU B, WANG H, 2014. China's secondary privatization: perspectives from the split-share structure reform[J]. Journal of Financial Economics, 113(2): 500-518.

MANSO G, 2011. Motivating innovation[J]. Journal of Finance, 66(5):

1823-1860.

MEGGINSON W, NASH R, van RANDENBORGH M, 1994. The financial and operating performance of newly privatized firms: an international empirical analysis[J]. Journal of Finance, 49(4): 403-452.

MEGGINSON W, NETTER J, 2001. From state to market: a survey of empirical studies on privatization source[J]. Journal of Economic Literature, 39(7): 321-389.

MEGGINSON W, 2010. Privatization and finance[J]. Annual Review of Financial Economics, 2(4): 1-30.

MORCK R, YEUNG B, YU W, 2000. The information content of stock markets: why do emerging markets have synchronous stock price movements? [J]. Journal of Financial Economics, 58(5): 215-260.

NEWBERY D, POLLITT M, 1997. The restructuring and privatization of Britain's CEGB—Was it worth it? [J]. Journal of Industrial Economics, 45(2): 269-303.

ROSENBERG N, 2004. Innovation and economic growth. OECD.

SHLEIFER A, VISHNY R W, 1997. A survey of corporate governance[J]. Journal of Finance, 52(4): 737-783.

SOLOW R, 1957. Technological change and the aggregate production function [J]. Review of Economics and Statistics, 39(6): 312-320.

STEIN J, 1988. Takeover threats and managerial myopia[J]. Journal of Political Economy, 96(2): 61-80.

TIAN X, WANG T, 2014. Tolerance for failure and corporate innovation[J]. Review of Financial Studies, 27(1): 211-255.

第4章　双循环格局下的竞争中性与国企改革
——来自国有资本差异化功能的证据

4.1 引　　言

近几年来,国有企业大量、重复投入低成本要素的模式日渐式微,很多国企成为"僵尸企业"或面临产能过剩所带来的效益下滑;市场导向的经济转型进入新阶段后,公众对国有资本继续依靠垄断经营和高额补贴维持不公平竞争表示不满(郑志刚,2020)。因此,2013年党的十八届三中全会提出了以引入民资背景的战略投资者实现所有制的混合为典型特征的"国企混改",以改善多目标下的激励冲突和预算软约束等问题。2018年以来,中美贸易摩擦全方位升级,"新冠"疫情导致全球范围内民粹主义、孤立主义和贸易保护主义加剧。在美国的打压下中国经济的对外依存度必然降低,未来的经济增长潜力也将在更大程度上取决于内需的拉动。国有资本作为生产要素,在我国总资本体量中占有相当重要的地位,广泛分布在国民生产的各行业、各部门中,正确认识国有资本在国内大市场不同所有制部门内的功能、配置、效率和梗阻,厘清其对企业经济效率和承担的社会责任的影响,对克服要素流通障碍、扩大内需、促进国有企业和民营企业高质量发展具有重大意义。

民营企业对中国经济的贡献素来有"56789"的说法,即民营企业贡献了50%的财政收入、60%的经济增长、70%的技术创新、80%的就业以及90%的新增就业。因此,"双循环"战略中国内大循环的形成必须确保民营企业享有足够的成长空间以及与国有企业平等的国民待遇。实际上,实际控制人为私营部门股东的许多民营企业,也有少量国有资本参股。在当前宏观经济下行与金融监管强化的过程中,厘清国有资本在国有企业、私营企业中的配置特点、所发挥的功能以及对企业效率影响的差异,可以更好地发挥国有资本的杠杆作用,以支持民营企业发展,减少因国有部门过度投资造成的对私营部门空间的挤占,也可避免"国进民退"的格局。

那么,国有资本的功能在国有部门和民营部门存在哪些差异?发展内循环经济应如何营造竞争中性的环境,为民营企业投资释放空间?应如何有针对性地深化国企改革以提高国有资本的经济效率、扫除资本配置障碍?这都是双循环格局下有关国资部署与国企改革的重要话题。

关于国有资本效率的研究,现有文献多从国有企业及国有股权的经济效率入手,从技术效率(姚洋 等,2001;姚洋,1998)、创新效率(温军 等,2012;吴延兵,2012)、全要素生产率(Huang et al.,1997;李利英,2004;郑京海 等,2008)、财务绩效(胡一帆 等,2006)等方面测算国有企业的经济效率。相关实证研究表明,国企效率偏低,但改制后效率提高显著(Megginson et al.,2001;刘小玄 等,2005;白重恩 等,2006)。若将国有资本承担的社会责任功能纳入考量,国有企业效率之争则从微观转向宏观。国有企业的总体效率应通过比较国有企业的正外部性和负外部性孰大孰小而得出(刘瑞明,2013)。然而,大部分实证结论表明,国有经济整体上对经济增长具有负向效应(Lin,2010;董先安,2004;刘瑞明 等,2010)。

回顾已有研究,不难发现以下问题:首先,已有研究提供了较多的经验证据,但较少将国有企业经济效率和所承担的社会责任纳入同一理论分析框架下讨论;其次,尽管有学者提出国企改革应从降低行业准入门槛和内部深化混合所有制入手(周慧敏 等,2018),但尚未提供经验证据;最后,尽管现有政策一直推动"竞争中性"框架的建立,但较少有研究从国有资本在国有企业、民营企业中的功能差异入手,反思民营企业所处的非中性竞争环境,并从国有企业和民营企业相对发展空间的视角论证该功能差异的原因。本书尝试在一般均衡框架下构建理论模型,将国有资本的双重责任——经济效率与所承担的社会责任——同时纳入考量,并以2009—2018年沪、深两市全部混合所有制股权结构的上市公司数据进行经验分析,从微观视角考察国有资本对国有、民营两部门中企业经济效率和所承担的社责任的影响,讨论双循环格局下如何有效配置国有资本,推动竞争中性框架的建立。

本章的创新和研究意义主要有以下几个方面。第一,首次通过理论模型将国有资本的经济效率与所承担的社会责任同时纳入一般均衡分析框架,为国有资本的收益性功能和社会性功能寻找微观基础。第二,补充了有关竞争中性的理论及经验证据。本章从国有资本在国有、民营两部门中发挥的不同作用这一视角入手,论证了民营企业处于非中性竞争环境,为双循环格局下的"竞争中性"政策导向找到了微观基础。第三,补充了有关当下国企改革的研究,为国企改革应从"降低行业准入门槛和内部深化混合所有制入手"这一论断找到了经验证据,对现有文献进行了适当的补充。本章通过理论模型和经验分析讨论了国有资本在国有和民营两部门的微观效率,以期为国有企业未来的改革方向和争取民营企业更广阔的发展空间提供有益的政策建议,促进国内经济大循环的形成。

4.2 文献回顾

关于经济效率的研究,大多数学者认为民营化或国有股权的降低有利于企业经营绩效的改善。姚洋等(2001)和刘小玄(2002)均发现国有企业的生产率或技术效率显著低于民营企业、外资企业等所有制企业。Sun et al.(2002)利用1994—1998年国有上市公司的数据,发现国有股权占比的提高会降低上市公司的绩效。杨记军等(2010)发现民营化可以改善公司业绩,但只要终极控制权仍掌控在政府手中,上述改善就不会十分显著。李文贵等(2015)发现,非国有股权比例与民营化企业的创新活动显著正相关,并且在不同的非国有股权中,个人持股比例和法人持股比例更高的民营化企业更具创新性。郝阳等(2017)发现,"混合所有"的股权结构提高了公司绩效,但国有资本之间的股权多元化对公司绩效没有正面影响,并且指出,在中国这一转型经济体中,"混合所有"有助于弥补市场化的不足,异质性股东的"互补"使企业发挥了不同所有制资本的优势。陈林等(2019)认为,对于全体混合所有制企业,国有资本的终极控制权在平均意义上对企业创新不具有显著影响,但在企业规模上有区别,国有资本的终极控制权更有利于推动大型企业创新,但不利于规模小的混合所有制企业。

关于国有资本的行业布局,已有研究的大多论调是国有资本应该完全退出竞争性领域,向体现国家战略意图的基础性、战略性以及关乎国计民生的重大领域收缩,然而,有些学者在实证研究中却发现了部分相反的论调。谢莉娟等(2016)应用DEA-Malmquist指数进行全要素生产率的比较测度,发现国有企业在整体上并不具有效率劣势,其效率优势在流通业领域相比在工业领域表现得更为明显,且批发业中国有资本的高占比与高效率并存的现象尤其值得关注。郝书辰等(2012)则利用熵权评价法,认为以国有独资公司、国有控股企业、集体企业为代表的公有制企业的效率是较高的,对国民经济发展的贡献最大。

4.3 基于一般均衡框架的理论模型构建

本章以企业的资本回报与劳动报酬之和衡量企业的经济效率,以 s_t 作为企业的社会责任投入,以 θ 代表企业中的国有股权占比或国有资本比例,通过构建包含生产者、家庭两类决策主体,涉及商品、劳动及资本三类市场的一般均衡模型,分析国有资本比例对企业经济效率和社会责任的影响。

在决策主体方面,生产者以资本和劳动作为生产要素,生产同质化商品,以自身的利润最大化为决策目标;家庭通过出卖劳动获得收入并进行资本积累和消费,家庭的效用依赖于消费和闲暇水平。市场具有完全竞争性,其中,在商品市场中,企业是生产者,家庭是消费者;在劳动市场中,企业是购买者,家庭是出售者;在资本市场中,企业是需求方,家庭是一个供给方,国有资本通过滚动投入成为另一个供给方。为简化分析,假设经济由一个企业和一个家庭组成。模型的具体设定和分析如下。

1. 生产者决策

生产者以资本 K_t 和劳动 L_t 作为生产要素,以利润最大化为其决策目标。假设

生产者的生产函数具有柯布-道格拉斯形式,技术进步为哈罗德中性,即

$$Y_t = K_t^\alpha (A_t L_t)^\varphi s_t^{1-\alpha-\varphi} \tag{4.1}$$

将产品价格标准化为1,根据式(4.1),易得生产者的优化问题为

$$\max_{\{K_t, L_t, s_t\}} E_0 \sum_{t=0}^{\infty} \rho^t (Y_t - r_t K_t - w_t L_t - s_t) \tag{4.2}$$

其中,ρ 表示客观的贴现因子,衡量企业利润的风险水平,r_t 表示资本的价格(即利息率),w_t 表示劳动的价格(即工资),则 $r_t K_t$ 和 $w_t L_t$ 就分别表示资本回报和劳动报酬。

2. 家庭决策

假设家庭的决策目标为最大化其终身效用,易知家庭的优化问题为

$$\max_{\{C_t, N_t\}} E_0 \sum_{t=0}^{+\infty} \beta^t U(C_t, 1-N_t) \tag{4.3}$$

其中,β 表示家庭的主观折现因子,代表家庭对当期和远期效用的权衡;$U(\cdot)$ 表示效用函数;C_t 和 N_t 分别表示家庭的消费和劳动。家庭面临的约束条件为

$$C_t + I_t \leq w_t N_t + r_t a_t + s_t \tag{4.4}$$

其中,a_t 表示家庭的资产规模,$a_{t+1} - (1-\delta)a_t$ 表示家庭储蓄,δ 是折旧率,家庭储蓄通过资本市场转化为来自私人部门的投资,即 $I_t = a_{t+1} - (1-\delta)a_t$;$s_t$ 是以转移支付的形式成为家庭收入的企业社会责任投入。之所以这样处理,是因为现实中企业社会责任投入大多与员工福利、环境治理以及纳税有关,将这些投入视为家庭约束条件的一种放松,既符合企业社会责任投入的最终用途,也具有很强的现实意义。

假设家庭的效用函数满足对数形式,即

$$U(C_t, N_t) = \ln(C_t) + \xi \ln(1-N_t) \tag{4.5}$$

得到期内有效条件,即消费-闲暇决策方程

$$\xi C_t = w_t (1-N_t) \tag{4.6}$$

同时得到跨期有效条件,即欧拉方程

$$E_t \beta \frac{C_t}{C_{t+1}} [r_{t+1} + (1-\delta)] = 1 \tag{4.7}$$

此外,在最优条件下,约束条件为紧,即

$$C_t + a_{t+1} = w_t N_t + [r_t + (1-\delta)] a_t + s_t \quad (4.8)$$

3. 一般均衡分析

在一般均衡条件下,商品市场、劳动市场和资本市场同时达到均衡。其中,商品市场均衡条件为

$$Y_t = C_t + K_{t+1} - (1-\delta) K_t \quad (4.9)$$

劳动市场的均衡条件为

$$L_t = N_t \quad (4.10)$$

资本市场的均衡条件为

$$\begin{cases} K_t = \dfrac{a_t}{1-\theta_t} \\ K_{t+1} = [\theta_t r_t + (1-\delta)] K_t + I_t \end{cases} \quad (4.11)$$

式中,θ_t 表示国有资本占社会总资本的比例,且初始值 K_0 和 θ_0 已知,式(4.11)表示国有资本在企业内部进行滚动投资,家庭投资规模则在每一期基于效用最大化目标得到。由于国有资本和私人资本的再投资机制不同,所以每一期国有资本占比 θ_t 不一定相同。整理式(4.11)得到

$$K_{t+1} = \frac{\theta_t [r_t + (1-\delta)]}{\theta_{t+1}} K_t \quad (4.12)$$

进一步得到

$$r_t K_t = E_t \frac{\dfrac{\varphi (1-\alpha-\varphi)^{1/\varphi}}{\xi} A_t \left\{ \dfrac{\varphi \left[\varphi(1+\xi) + \alpha \xi (1 - \dfrac{\theta_t}{\theta_{t+1}}) \right]}{(1-\delta)(1-\alpha-\varphi)^2 \xi^2 (\dfrac{\theta_t}{\theta_{t+1}} - 1)} \right\}^{\varphi/\alpha}}{\left[(1-\alpha+\dfrac{\varphi}{\xi}) - \dfrac{\varphi^2 (1+\xi)}{(1-\alpha-\varphi)\xi^2} \right] + \alpha \left[1 - \dfrac{\varphi}{(1-\alpha-\varphi)\xi} \right] (1 - \dfrac{\theta_t}{\theta_{t+1}})} \quad (4.13)$$

4. 推论

假设企业的总资本来自股权融资和债权融资两种途径。正如上文提及的,本书用资本回报 $r_t K_t$ 与劳动报酬 $w_t L_t$ 之和衡量企业的经济效率。易知,在均衡条

件下,有

$$r_t K_t + w_t L_t = \frac{\alpha+\varphi}{\alpha} r_t K_t$$

进而根据式(4.13),容易得到①

$$\frac{\partial(r_t K_t + w_t L_t)}{\partial \theta_{t+1}} > 0 \tag{4.14}$$

式(4.14)表明,企业中的国有资本对经济效率具有正向影响,这意味着在充分竞争、开放的市场环境下,国有资本同民营资本一样具有收益性功能,也在一定程度上证明了党的十八届三中全会后国有资产管理体制从以前的"管人管事管企业"转为"管资本"在理论上的合理性。然而,在现实中众多上游行业存在行政进入壁垒,国有资本依靠垄断经营和不公平竞争维持经营,同时存在委托代理、内部人控制、经营效率低下等诸多问题,导致国有企业中的国有资本并没有发挥出其应有的收益性功能,企业经营效率偏低。在下文的实证分析中我们将分行业进行论证。

根据式(4.14),可以得到以下推论。

推论1:在商品市场和要素市场完全竞争的条件下,企业国有资本占比的提高,对要素报酬具有正向影响,即有利于企业经济效率的提高。

根据式(4.13),在均衡时,以下等式成立:

$$s_t = \frac{1-\alpha-\varphi}{\alpha} r_t K_t$$

结合式(4.14),可以得到②

$$\frac{\partial s_t}{\partial \theta_{t+1}} > 0 \tag{4.15}$$

式(4.15)表明,国有资本比例的提高可以促进企业承担更多社会责任,这与现实中的直觉基本一致。据此,可以得到以下推论。

推论2:在商品市场和要素市场完全竞争的条件下,企业国有资本占比的提高,可以促进其承担更多社会责任。

---

① 为节省篇幅,此处略去计算过程。
② 此处略去计算过程。

4.4 实证分析

4.4.1 数据来源与变量说明

1. 数据来源

考虑本书研究国有资本在实际控制人为国有部门的国有企业和实际控制人是个人的民营企业中差异化的功能,那么需要选取同时存在国有股权和民营股权的样本企业。本书选取2009—2018年沪、深两市全体混合所有制股权结构的上市公司为样本企业。根据相关政策文件与学术传统(陈林,2019;李文贵 等,2015),本书保留了国有资本占比小于100%且大于0的混合所有制企业,以便检验样本企业中国有资本的功能和效率,同时剔除了被ST和PT的上市公司、金融企业以及缺失值和异常值后,最终形成的面板数据包含15 130个有效观测值。选择2009年作为分析时段起点的原因有二:一是上海证券交易所于2008年5月鼓励企业对"每股社会贡献值"这一指标进行披露,多数企业的公益捐赠数据只在2008年后可查;二是2008年汶川地震后,不少企业的捐款额陡升,形成异常值。

2. 因变量

模型的因变量是经济效率和社会责任。在指标选取方面,本书参照杨北京等(2019)的做法,借鉴"每股社会贡献值"中经济产出贡献值和社会责任贡献值的计算方法。"每股社会贡献值"[①]是上海证券交易所于2008年首次提出并鼓励上市公司进行披露的。该指标的计算方法为

每股社会贡献值 = (经济产出贡献值+社会责任贡献值-造成的环境污染等其他社会成本)/公司股本总额

---

① 每股社会贡献值是公司年内为国家创造的税收、向员工支付的工资、向银行等债权人给付的借款利息、公司对外捐赠额以及公司为社会创造的其他价值额,扣除公司因环境污染等造成的社会成本,计算得到的公司为社会创造的每股增值额。这个指标可以帮助公众更全面地了解公司为股东、员工、客户、债权人、社区以及整个社会所创造的真正价值。

其中：

经济产出贡献值 ＝ 净利润额＋利息支出总额＋员工薪金总额

社会责任贡献值 ＝ 员工福利和社会保障支出总额＋员工培训费用总额＋对外捐赠总额＋纳税总额－环境污染等其他社会成本费

环境污染等其他社会成本费按照排污费与当年因违规遭受的罚款金额之和计算。

（1）经济效率

本书的理论模型部分将 $r_t K_t$ 作为企业投入资本的回报，因此，$r_t K_t$ 对应企业对股东和债权人投入资本的总回报。在企业财务管理中，融资成本的计算既考虑债务资本成本，又考虑权益资本成本。因此，模型中的 $r_t K_t$ 恰好与经济产出贡献值中的净利润额、利息支出总额之和相匹配，其中的利息支出总额，本书以锐思数据库中企业财务报表里的利息支出和资本性利息支出两项之和衡量。

经济产出贡献值中的员工薪金总额对应理论模型中的 $w_t L_t$，衡量的是员工通过按劳分配获得的不包含社会保障及福利的薪酬额。值得注意的是，员工薪金、福利及社保费在会计科目上是分开核算的。在锐思数据库中逐项查找应付职工薪酬（会计科目编码为14600）的明细项，可以发现共有9项分类指标。本书选取编码为14610的"工资、奖金、津贴和补贴"项目，用其总和衡量员工的工资薪酬总额。

将净利润额、利息支出总额、员工薪金总额汇总，可以得到企业的经济产出贡献值；本书用该数值与资产规模的比值来衡量企业的经济效率。

（2）社会责任

在中国的特定国情下，企业社会责任更加强调稳定就业、促进经济发展、维护社会秩序以及促进科技进步等方面（徐尚昆 等，2007），这也符合我国国有企业政策性功能的内涵。实际上，在不少探讨国有企业宏观效率的文献中，宏观效率与作为整体的国有企业的社会责任维度相一致。本书在借鉴现有文献的基础上，构建国有企业社会责任指标，该指标涵盖经济责任、法律责任、纳税义务、环境保护、员工、就业以及社会捐赠和慈善事业等维度。具体地，在该指标计算中，考虑实际情况，我们选取员工、社会捐赠和慈善事业、纳税义务以及环境保护项目（徐尚昆 等，2007）。在4.3节构建的模型中，s_t 表示企业的社会责任投入，以企业成本的形式出现在企业的目标函数中，与此处的社会责任相对应。

本书从锐思财务报表中选取编码为14620（职工福利费）、14630（社会保险费）、14640（住房公积金）、14650（工会经费及培训费）、14660（非货币性福利）、14670（辞退福利：解除劳动关系补偿）、14690（其他）的7项福利及社保数额进行汇总，作为社会责任贡献值中的员工福利、社会保障支出和员工培训费用总额；纳税总额则以企业营业税金及其附加与所得税额之和来衡量；对外捐赠总额和环境污染等其他社会成本费，从营业外支出和营业外收入的会计项目中筛查得到。将上述数值进行汇总，可以得到企业的社会责任贡献值；本书用该数值与资产规模的比值来衡量企业的社会责任。

3. 自变量

模型的自变量为混合所有制上市公司中的国有股权占比。因为很多企业中的国家股为非流通股，而数据库中对上市公司国有股权的披露仅限于流通股数量。因此，本书参照林莞娟等（2016）的做法，按照年报中前十大股东列表中提供的股东性质进行加总得到该上市公司近似的实际国有股权占比。

4. 行业特征分类变量

根据理论模型的推论，实证部分我们采用市场竞争度和国有经济比重来度量市场竞争结构及行政进入壁垒。其中，市场竞争程度是公司所处行业内所有企业以销售额衡量的市场占有率的平方和，用该变量来衡量市场竞争结构时，其数值越大，表示行业市场集中程度越高、垄断程度越高；相反，该变量数值越小，表示市场集中程度越低，竞争越充分。我们采用的第2个行业特征分类变量是国有经济比重，以此来作为行政进入壁垒的代理变量。国有经济比重是学界衡量行政进入壁垒强弱的主要标准（陈林 等，2011），本书也假设政府对国有经济比重较大的产业设置了较强的行政进入壁垒，在行政进入壁垒的保护下国有企业的市场份额自然会维持在高水平，国有经济比重与行政进入壁垒在一定程度上互为因果。为此，本书把国有经济比重作为行政进入壁垒的代表变量。

参照国家统计局课题组（2001）的做法核算国有资产比重变量，使用数据库中某个产业内"登记注册类型"为国有企业、国有独资企业、国有联营企业、集体企业、集体联营企业、国有与集体联营企业的企业资产总额除以整个产业的资产总额。为使该指标尽可能真实地反映国有经济比重，本书把"国有联营企业""集体企业"

"集体联营企业""国有与集体联营企业"等企业也算作国有性质企业,尽管这部分企业的数量和市场份额均很小。

5. 控制变量

参照郝阳等(2017)、李姝等(2014)等的方法,选取公司资产的对数(Lnsize)、资产负债率(Leverage)、资产增长率(Growth)、流动资产比率(Liquid)、第一大控股股东持股比例(Top1)、是否由国有企业转制为民营企业(Transfer)、实际控制人性质(Control)以及公司固定效应[①]和年份固定效应作为控制变量,其中后3个变量为虚拟变量。特别需要注意的是,考虑所有权性质对企业绩效的影响颇大,本书在实际控制人性质变量中控制了以下属性(括号内为编码):国有企业(1100)、中央机构(2100)、地方机构(2120)、未区分的自然人(3000)、大陆自然人(3110)、港澳台自然人(3120)。

各个变量的定义与说明见表4.1。

表4.1 变量定义与说明

变量类别	名称与符号	变量定义与说明
因变量	Ecov	经济效率=ln(净利润额+利息支出总额+员工薪金总额+纳税总额)/公司规模
	Socv	社会责任=(员工福利和社会保障支出总额+员工培训费总额+对外捐赠总额+纳税总额−环境污染等其他社会成本费)/公司规模
自变量	Stateshare	国有股权占比,即前十大股东中全部国有股东股权占比之和
行业特征分类变量	HHI	赫芬达尔指数(市场竞争指数),用以衡量第t年公司所处行业内所有企业以销售额衡量的市场占有率的平方和
	Ratio	国有资产比重,选取"国有总资产在行业中的比重"来衡量
控制变量	Lnsize	公司资产的对数,即公司年末总资产的自然对数
	Leverage	资产负债率=公司年末总负债/年末总资产
	Growth	资产增长率,即公司总资产的年增长率
	Liquid	流动资产比率,即公司流动资产所占总资产的比例
	Top1	第一大控股股东持股比例
	Control	实际控制人性质
	Transfer	样本期间是否由国有企业转制为民营企业

---

① 在下文的Hausman检验中,由于拒绝了原假设,因此模型中应该控制公司固定效应。

4.4.2 模型设定

为避免国有股权比例可能存在的内生性问题,本书采用该变量的滞后一期数据。Hausman 检验结果显示,p 值为 0.001,拒绝随机效应的原假设,故本书采用固定效应模型。回归方程为如下形式:

$$Ecov_{i,t}(Socv_{i,t}) = \alpha + \beta_1 Stateshares_{i,t-1} + \beta_2 Lnsize_{i,t} + \beta_3 Lev_{i,t} + \beta_4 Growth_{i,t} + \beta_5 Cfo_{i,t} + \beta_6 Top1_{i,t} + \beta_i Controls_{i,t} + \beta_i Industry + \beta_i Year$$

4.4.3 描述性统计

表 4.2 所示为各变量的描述性统计结果。其中经济效率(Ecov)和社会责任(Socv)的均值分别为 0.129 和 0.015,标准差分别为 0.931 和 0.152。这反映出不同企业的经济效率差别较大。国有股权占比(Stateshare)的均值为 0.308,标准差为 0.237,说明国有股权在不同的混合所有制企业中波动较大。行业特征分类变量中,市场竞争指数(HHI)的均值为 687.422,极大值是 10 853.697,极小值是 0,方差较大;国有资产比重(Ratio)的均值为 0.132,极大值是 0.851,极小值是 0,标准差为 0.231,说明不同行业中国有资产占比的方差较大。控制变量中,实际控制人性质为 1100(国有企业)、2100(中央机构)、2120(地方机构)的样本分别占总样本的 10.2%,10.09% 和 30.26%,即样本中有 50.57% 的国有企业;实际控制人性质为 1200(民营企业)、3000(未区分的自然人)、3110(大陆自然人)、3120(港澳台自然人)的样本分别占 0.72%,0.96%,43.8%,2.56%,即样本中约有 48% 的民营企业。"是否由国有企业变成民营企业"这一变量有 2 476 个观测值为 1,均值为 0.229。

表 4.2 各变量的描述性统计结果

变量	平均值	极大值	极小值	中位数	标准差	观测量
Ecov	0.129	9.172	−0.206	0.102	0.931	15 130
Socv	0.015	2.705	3.09e−06	0.010	0.152	15 130
Stateshare	0.308	0.978	0.000 4	0.357	0.237	15 130

续表

变量	平均值	极大值	极小值	中位数	标准差	观测量
HHI	687.422	10 853.697	0	522.763	0.297	15 130
Ratio	0.132	0.851	0	0.264	0.231	15 130
LnSize	22.319	28.520	13.076	21.734	1.442	15 130
Leverage	0.450	1.017	0.007	0.502	0.226	15 130
Growth	0.191	107.128	−1	0.875	1.200	15 130
Liquid	0.031	0.333	−0.253	0.026	0.089	15 130
Top1	0.423	0.786	0.122	0.414	14.320	15 130
Transfer	0.229	1	0	0	0.032	15 130
1100(国有企业)	0.102	1	0	0	0.007	1 546
2100(中央机构)	0.101	1	0	0	0.264	1 723
2120(地方机构)	0.303	1	0	0	0.288	4 578
1200(民营企业)	0.007	1	0	0	0.065	109
3000(未区分的自然人)	0.010	1	0	0	0.008	156
3110(大陆自然人)	0.438	1	0	0	0.311	6 631
3120(港澳台自然人)	0.026	1	0	0	0.089	387

4.4.4 实证回归结果与分析

1. 基准回归

表4.3所示为控制公司固定效应和年份后的基准回归结果。第(1)列和第(2)列是对全样本的回归,结果显示,第(1)列中国有股权占比(Stateshare)系数并不显著,表明在总体上国有股权占比与企业经济效率并没有显著的相关关系;第(2)列国有股权系数在5%的显著性水平上为正,说明在总体上国有股权占比的提高可以促进企业承担社会责任。实际控制人性质是2100(中央机构)的国企,对经济效率(Ecov)回归的系数显著为负,对社会责任(Socv)回归的系数则显著为正;实际控制人性质是3110(大陆自然人)和3120(港澳台自然人)的民营企业,对社会责任回归的系数显著为负,表明国有控股企业担负的社会责任高于民营控股企业。

考虑国有股权在国有企业和民营企业中的功能存在较大差异,本书将全样本根据终极控制人性质划分为国有企业和民营企业子样本,其中国有企业的回归结果如表4.3第(3)列和第(4)列所示。第(3)列国有股权占比的系数在10%的显著性水平上为负;在第(4)列对社会责任的回归结果中,国有股权占比的系数为0.007,在10%的显著性水平上为正。这与现实中国有企业承担了更多社会责任而经济效率不高的直觉相符。2100(中央机构)的系数仍在1%的显著性水平上为负。进一步控制实际控制人性质以及行业属性后,国有股权占比的提升并不利于企业经济效率的提高。

表4.3中第(5)列和第(6)列是民营企业分样本的回归结果。第(5)列中国有股权对民营企业的经济效率在1%的置信区间内具有显著的正向影响,明显高于国有股权对国有企业的正向影响。第(6)列的系数也显示在10%的水平上为正,这意味着民营企业中的国有股权对提升民营企业的经济效率和社会责任皆有正向影响,且对经济效率的促进作用更大。第(6)列中,控制变量3110和3120的系数在1%的显著性水平上为负,反映出民营企业的社会责任投入仍处于较低水平。

以上实证结论验证了推论2,但却不能支持推论1。为何国有资本对企业经济效率的影响在总样本和国有样本中为负,实证结果与理论模型存在差异呢?我们猜想这与模型的假设条件("完全竞争的商品市场和要素市场")有关。不难设想,越是接近于商品市场和要素市场完全竞争的条件,越接近于理想状态下理论模型的推导结果;相反,越是有阻碍的、不充分市场化的商品市场和要素市场,实证结果与理论模型的结论相差越大。

可见,国有企业依靠垄断和经营补贴等手段获取超额利润的方式,使其与市场化的竞争方式存在较大差异,因此,市场竞争程度、行政进入壁垒等很可能是影响国有资本经济性功能的重要因素。4.5节将根据上述指标进行异质性分析,分别考量国有股权对国有企业的影响。

进一步猜想,由于我国市场化程度并不充分,对民营企业来说,表4.3中所示的第(5)列和第(6)列的结果可能并非市场化竞争的结果,而更可能是某些非市场化手段的巧合。一个可能的解释是民营企业受益于国有参股,获得了某些政治资本和社会网络(李姝 等,2014;宋增基 等,2014),如在税收和融资约束方面得到了一定的便利(郝阳 等,2017),从而国有资本的参与间接提高了其经济效率水平,而并非当前市场环境下国有资本具有与民营资本同等程度的收益性功能。在4.6节中,我们将进一步按照上述猜想检验国有资本在民营企业部门的功能。

表4.3 控制公司固定效应和年份后的基准回归结果

变量	(1) Ecov	(2) Socv	(3) Ecov	(4) Socv	(5) Ecov	(6) Socv
	全样本		国有企业		民营企业	
Stateshare	−0.039	0.011**	−0.033*	0.007*	0.079***	0.021*
	(−1.151)	(2.462)	(−1.951)	(2.127)	(2.432)	(2.171)
Lnsize	0.019***	0.103***	0.023***	0.005***	0.013***	0.002***
	(2.937)	(7.316)	(3.773)	(6.844)	(4.752)	(2.770)
1200	−0.012	−0.002			−0.010	−0.004*
	(−0.902)	(−0.863)			(−0.976)	(−2.253)
3110	−0.014	−0.007***			−0.011	−0.006***
	(−1.759)	(−4.156)			(−1.841)	(−5.332)
3120	−0.008	−0.007**			−0.005	−0.007***
	(−0.664)	(−2.671)			(−0.602)	(−3.565)
1100	0.012	0.004*	0.006	0.001		
	(1.492)	(2.257)	(1.574)	(1.930)		
2100	−0.032***	0.005**	−0.024***	0.0022		
	(−3.817)	(2.866)	(−4.814)	(1.927)		
2120	−0.005	0.002	−0.0056	−0.0016		
	(−0.726)	(1.160)	(−1.411)	(−1.771)		
Leverage	−0.109***	−0.014***	−0.136***	−0.021***	−0.080***	−0.006***
	(−10.867)	(−9.443)	(−9.133)	(−10.702)	(−4.981)	(−5.932)
Growth	0.001***	0.002***	0.001***	0.004***	0.001***	0.001***
	(8.412)	(5.733)	(3.577)	(4.534)	(9.209)	(3.946)
Liquid	0.172***	0.024***	0.205***	0.034***	0.123***	0.009***
	(14.513)	(9.055)	(10.661)	(7.659)	(9.389)	(3.514)
Top1	0.001**	0.004***	0.002*	0.000***	0.007	−0.004**
	(2.664)	(3.089)	(2.282)	(4.326)	(1.097)	(−3.091)
Transfer	0.534**	−0.043			0.817***	−0.329
	(2.471)	(−2.176)			(15.36)	(−2.97)

续表

变量	(1) Ecov	(2) Socv	(3) Ecov	(4) Socv	(5) Ecov	(6) Socv
	全样本		国有企业		民营企业	
_cons	0.431***	0.085***	0.513***	0.111***	0.313***	0.057***
	(19.220)	(16.711)	(16.324)	(15.068)	(10.964)	(9.543)
Firm	控制	控制	控制	控制	控制	控制
Year	控制	控制	控制	控制	控制	控制
Adj_R2	0.752	0.751	0.674	0.671	0.723	0.725
N	15 130	15 130	7 669	7 669	7 461	7 461

注：括号内的数字为 t 值；*，** 和 *** 分别表示在 10%，5% 和 1% 的水平上显著。下同。

2. 内生性问题

尽管国有股权占比会对企业经济效率和社会责任产生影响，但经济效率较高或社会责任履行优良的企业有可能影响国有股权的加入（或退出），因此国有股权占比（Stateshare）很可能存在一定的内生性问题。因此，我们考虑运用 PSM-DID 的方法来验证前文结论，以保证结论的稳健性。我们的识别方法是利用 2013 年党的十八届三中全会提出的推进混合所有制改革这一准自然试验①，采用双重差分（Difference In Differences，DID）模型来检验混改对企业经济效率和社会责任的影响。该方法排除了国有企业（实验组）和非国有企业（对照组）中与混合所有制改革和经济绩效与社会责任相关的可能遗漏的时间趋势，并且控制了实验组和对照组之间持续的未观察到的差异。同时，由于改革具有一定的持续性，2014 年、2015 年、2016 年每一年均有不同的企业加入混改，避免了单一的、似乎合理的外部冲击变量的识别问题②。

本书采用倾向得分匹配法（PSM）构造实验组和对照组。首先，我们根据 2013 年 CSMAR 数据库中实际控制人的情况来划分国有企业和非国有企业，并在非国有企业样本中根据关键变量企业规模（Size）、企业杠杆率（Leverage）、调整后的企

---

① 考虑会议是 2013 年 11 月召开的，我们以 2014 年为混改实际进行的年份。
② 因为单一时间点对所有企业造成的外生冲击，很可能会存在与这一冲击相一致的影响企业经济绩效的潜在遗漏变量。准自然试验环境避免了这一问题。

业资产收益率(Roa_adju)、企业销售增长率(Income_grow)、企业上市至今的时长(Age_list)、企业有形资产(Tangibility)等估计probit模型,选取企业关键特质与国有企业类似的非国有企业,因变量是SOE这一虚拟变量。

表4.4的第(1)列是probit模型的结果(标记为"匹配前")。估计结果表明,调整后的R^2为0.350,总体模型适应度的χ^2检验的p值远低于0.001,说明该模型捕捉了国有企业的大部分特质变量。我们利用表4.4第(1)列中的倾向得分来执行最近邻倾向得分匹配过程。具体来说,我们将每个国有(SOE)公司年度观察(标记为实验组)与非SOE公司年度观察(标记为对照组)的倾向性得分最接近的样本挑选出来,最终得到了488对一对一的配对公司(976个观察结果)[①]。

表4.4 PSM和安慰剂检验

变量	(1) 匹配前	(2) 匹配后
Size	−0.027	−0.018
	(−0.973)	(−0.602)
Leverage	0.797***	0.590
	(3.565)	(1.489)
Income_grow	−0.130***	−0.000
	(−6.427)	(−1.429)
Age_list	−0.328***	−0.188
	(−4.792)	(−1.417)
Tangibility	0.044***	−0.054
	(0.384)	(−0.103)
Roa_adju	−1.237*	−1.231*
	(−1.894)	(−1.697)
_cons	0.912	0.523
	(1.165)	(0.648)
N	976	928
Adj_R2	0.350	0.147
p	0.000	0.000

① 我们使用匹配样本重新估计probit模型,并将估计结果展示在表3.3的第(2)列(标记为"匹配后")。所有自变量均无统计学意义。

具体地，我们用以下双重差分（DID）模型估计 2013 年混改后降低国有股权比例的效果。

$$y_{i,t+1} = \alpha_i + \beta SOE_i \cdot Post_{i,t} + \gamma Z_{i,t} + \delta_t + \varphi_i + \varepsilon_{i,t}$$

其中：下标 i 代表公司，t 代表年；因变量 $y_{i,t+1}$ 表示第 $t+1$ 年的经济效率和企业社会责任[①]；SOE_i 是一个虚拟变量，当企业在混合所有制改革以前为国有企业时，SOE_i 取 1，为非国有企业则取 0；$Post_{i,t}$ 是一个虚拟变量，在公司完成混改后，对公司年度观察值取 1，否则取 0；$Z_{i,t}$ 是可能影响企业经济效率或社会责任的控制变量；同时，我们控制了年份虚拟变量 δ_t，用来控制时间对企业创新的冲击，φ_i 用来吸收任何可能导致结果偏差的时间不变的公司不可观察特征。我们在所有回归中按公司对标准误差进行分类。$SOE_i \cdot Post_{i,t}$ 的系数估计用来测量混改对经济效率和社会责任的影响。如果混改，也就是国有股权比例的下降导致国有企业比非国有企业实现更大的经济效率增长，那么这个系数应该是正的；反之，则这个系数是负的。

表 4.5 中第（1）列是经济效率（Ecov）作为因变量的回归结果，$SOE_i \cdot Post_{i,t}$ 交互项的系数在 1% 的水平上为正且显著，与表 4.3 的基准回归结果一致，即与模型结果推论 1 相反。第（2）列将企业社会责任（Socv）作为因变量，回归得到交互项 $SOE_i \cdot Post_{i,t}$ 的系数为负，且在 5% 的水平上显著，这表明降低国有股权比例不利于企业承担社会责任，这一结论恰好与表 4.3 的实证结果一致，并支持了推论 2。稳健性检验证实了基准回归结果的可靠性，针对国有部门和民营部门的异质性分析及实证与模型差异的原因，将在 4.5 节和 4.6 节进行论证。

表 4.5 DID：混改对国企经济绩效和社会责任的影响

变量	(1)	(2)
	Ecov	Socv
$SOE_i \cdot Post_{i,t}$	0.141***	−0.798**
	(2.439)	(−2.066)
Size	−0.023	0.057
	(−0.907)	(0.302)

[①] 我们选择使用滞后 1 年的经济效率作为因变量，因为经济效率和社会责任的表现需要一段滞后期，同时我们也检验了滞后 2 年和 3 年的情形，主要结论不变。

续表

变量	(1) Ecov	(2) Socv
Leverage	−0.072	−0.365
	(−0.212)	(−0.384)
Income_grow	−0.000	−0.000
	(−0.874)	(−0.219)
Age_list	0.495	−1.410**
	(1.215)	(−2.041)
Tangibility	0.000	0.000
	(.)	(.)
Roa_adju	−0.551	−2.793
	(−0.632)	(−0.660)
Year	控制	控制
	(−1.160)	(1.847)
_cons	−0.144	2.097
	(−0.216)	(0.530)
N	9 957	9 957
p	0.847	0.853
Adj_R2	0.103	0.104

3. 稳健性检验

为进一步保证研究结果的稳健性,本书还进行了如下稳健性检验。借鉴李姝等(2014)的方法,定义企业社会责任履行度＝(分配股利或利润所支付的现金＋营业费用＋支付利息所支付的现金＋支付给职工以及为职工支付的现金＋购买商品、接受劳务支付的现金＋缴纳税费实际支付的现金)/主营业务收入净额。利用该指标(Socv2)替代前文中的"社会责任"变量进行回归,结果如表4.6中第(1)列所示。进一步地,借鉴郝阳等(2017)的方法,用国有参股股东持股量之和是否超过10%这一虚拟变量(State1)以及国有参股股东持股量总和与第一大股东持股量之比(State2)替代国有股权占比,分别验证国有资本占比提升对经济效率和社会责任的影响,结果如表4.6中第(2)列至第(5)列所示。与表4.3相比可以发现,相应结论并无显著不同。

表4.6 稳健性检验结果

变量	(1) Socv2	(2) Ecov	(3) Socv	(4) Ecov	(5) Socv
Stateshare	0.023***				
	(3.841)				
State1		−0.042*	0.029***		
		(−2.672)	(3.599)		
State2				−0.142*	0.075**
				(−2.337)	(2.953)
Lnsize	0.286***	0.232***	0.190***	0.280***	0.244***
	(7.252)	(7.245)	(6.736)	(6.880)	(6.517)
Leverage	−0.149	−0.194	−0.093	−0.149	−0.091
	(−1.323)	(−1.272)	(−1.117)	(−1.294)	(−0.844)
Growth	0.473***	0.303*	0.340***	0.224*	0.402***
	(3.264)	(1.936)	(3.253)	(2.223)	(2.885)
Liquid	0.008 6	0.000	0.008**	−0.000	0.005
	(1.525)	(0.128)	(2.251)	(−0.066)	(1.024)
Top1	−0.016	−0.019	−0.005	−0.014	−0.019
	(−1.372)	(−1.161)	(−0.328)	(−0.626)	(−0.820)
Transfer	−0.373***	0.209***	−0.820***	1.166***	−0.960***
	(−3.100)	(5.178)	(−2.818)	(3.097)	(−2.644)
Control	控制	控制	控制	控制	控制
Firm	控制	控制	控制	控制	控制
Year	控制	控制	控制	控制	控制
观测值	15 130	15 130	15 130	15 130	15 130
Adj_R2	0.760 3	0.786 1	0.675 4	0.724 1	0.731 2

注：括号内的数字为 t 值；*，**和***分别表示在10％，5％和1％的水平上显著；企业实际控制人性质包括港澳台自然人、大陆自然人、民营企业、中央机构、地方机构和国有企业。

4.5 国有部门:行政进入壁垒与引入民营投资者的混合所有制改革

4.5.1 行政进入壁垒与市场竞争程度的分行业检验

前文的基准回归结果显示国有股权占比与企业经济效率并不存在显著的相关关系,尽管实证结果并未完全支持模型推论,但考虑模型的假设是国有资本处于充分竞争的市场环境下,因此很可能国有企业所处行业的竞争不足或垄断性质使回归结果在总体样本上并不显著。因此,行业间的市场竞争结构差异、行政进入壁垒差异等很可能是影响国有资本效率的重要因素。

考虑国企的垄断经营和不公平竞争,我们根据行业特征构造分类变量。前文变量构造部分已论述了有关行政进入壁垒与市场竞争程度这两个变量的计算方法。

表4.7中第(1)列和第(3)列是高行业准入门槛和低行业准入门槛下国有股权占比对经济效率的影响。国有股权占比在低准入门槛行业中显著促进了国有企业的经济效率,系数为0.433,且在5%的显著性水平上显著;而在高准入门槛行业中国有股权占比则起抑制作用,系数为-0.869,且在1%的显著性水平上显著为负。以上结论表明,在无关国计民生的重大战略领域和行业适当降低行政进入壁垒,积极引入民营资本进行竞争,鼓励竞争中性的市场环境,将有助于国有资本发挥收益性功能,提高国有资本价值,这部分结果验证了推论1。同时,国有资本在行业准入门槛较高的行业中,对社会责任履行的促进作用更强,这与国有资本在铁路交通、军事国防等有关国计民生的重大领域承担了较多政策性任务相关。

表 4.7 区分行业准入门槛的国有企业分组检验结果

变量	(1) Ecov	(2) Socv	(3) Ecov	(4) Socv
	行业准入门槛高		行业准入门槛低	
Stateshare	−0.869***	0.007*	0.433**	0.005
	(−6.831)	(2.164)	(2.563)	(1.483)
Lnsize	0.313***	0.286***	0.232***	0.190***
	(7.305)	(7.252)	(7.245)	(6.736)
1100	0.003	0.002	−0.001	0.001
	(1.180)	(0.817)	(−0.296)	(0.220)
2100	−0.026	−0.024	−0.033**	−0.013
	(−1.182)	(−1.348)	(−2.237)	(−0.971)
2120	−0.628*	−0.616*	−0.593**	−0.419
	(−1.950)	(−1.798)	(−2.419)	(−1.540)
Leverage	−0.144	−0.204	−0.096	−0.132
	(−1.150)	(−1.618)	(−1.060)	(−1.457)
Growth	0.525***	0.268*	0.364***	0.187*
	(3.439)	(1.738)	(3.410)	(1.712)
Liquid	0.276	0.693*	0.549**	0.801***
	(0.761)	(1.827)	(2.308)	(3.034)
Top1	−0.158*	−0.158	−0.137**	−0.111
	(−1.759)	(−1.577)	(−2.107)	(−1.451)
_cons	5.487***	5.353***	−4.230***	−3.976***
	(20.259)	(20.215)	(−10.718)	(−11.919)
Firm	控制	控制	控制	控制
Year	控制	控制	控制	控制
Adj_R2	0.603	0.112	0.087	0.048
N	3 834	3 834	3 834	3 834

根据市场竞争程度,我们将国有企业样本分为所处行业市场竞争程度高和市场竞争度低两类子样本,表 4.8 中第(1)列和第(3)列是高行业市场竞争度和低行业市场竞争度下国有股权占比对经济效率的影响。国有股权占比在高竞争度行业对国有企业的经济效率起显著促进的作用,系数为 0.219;而在低竞争度行业中国

有股权占比则起抑制作用,系数为-0.433。以上两者的相关系数均在1%的显著性水平上显著。这与我们的预测相符,即充分竞争和较少垄断的市场结构有助于国有资本发挥收益性功能,这部分结果验证了推论1。然而,国有股权占比对高竞争度行业企业的社会责任履行具有促进作用,但在低竞争度行业中作用并不显著,系数为正。

上述异质性分组检验的目的是探究国有资本经济效率不能得到有效发挥的原因,并验证国企的垄断经营和不公平竞争。由于国有资本在低市场竞争度、高行政进入壁垒行业的国企中经济效率显著较低,因此未来的改革可在上游垄断性部门引入民营资本和竞争机制,扩大国内经济大循环,为民营企业争取更多的发展空间。

表4.8 区分行业市场竞争度的国有企业分组检验结果

变量	(1) Ecov	(2) Socv	(3) Ecov	(4) Socv
	高行业市场竞争度		低行业市场竞争度	
Stateshare	0.219***	0.087*	-0.433***	0.132
	(2.951)	(2.108)	(-3.851)	(0.674)
Lnsize	0.503***	0.005***	0.371***	0.005***
	(3.296)	(6.844)	(3.286)	(5.309)
1100	0.006	0.002	0.012	0.001
	(1.734)	(1.763)	(1.660)	(1.275)
2100	-0.056	0.285	0.133	0.441
	(-0.214)	(0.794)	(0.426)	(1.162)
2120	-0.601**	-0.233	-0.557**	-0.917***
	(-2.217)	(-0.851)	(-2.010)	(-2.745)
Leverage	-0.168	-0.318*	-0.117	-0.234*
	(-1.084)	(-1.901)	(-1.035)	(-1.877)
Growth	0.015	0.047**	0.027**	-0.024*
	(0.848)	(-2.339)	(2.078)	(-1.823)
Liquid	0.205***	0.034***	0.317***	0.276***
	(10.661)	(7.659)	(7.281)	(5.201)

续 表

变量	(1) Ecov	(2) Socv	(3) Ecov	(4) Socv
	高行业市场竞争度		低行业市场竞争度	
Top1	−0.027**	−0.024*	−0.002	−0.047**
	(−2.078)	(−1.823)	(−0.160)	(−2.437)
_cons	0.988***	−5.482***	−4.247***	−4.762***
	(18.884)	(−7.718)	(−8.098)	(−7.093)
Firm	控制	控制	控制	控制
Year	控制	控制	控制	控制
Adj_R2	0.760	0.786	0.675	0.724
N	3 834	3 834	3 834	3 834

4.5.2 混合所有制改革的方向:低行政进入壁垒行业引入民营战略投资者

国有企业的垄断经营和不公平竞争导致高行政进入壁垒行业的国有资本效率较低,这是因为缺乏对经理人的有效激励和监督机制,委托代理问题严重。现实中,董事会治理对于国企混改具有实质性意义,混合所有制改革通过引进非国有股东派驻董事的方式参与治理,形成"混合所有型董事会"。在实施民营化后,个人或民营经济主体获得了一定的企业所有权,将有动力完善管理者监督和激励机制,以促使管理者减少机会主义或道德风险行为,提高企业的治理效率。

本书在分行业检验国有资本效率的基础上,进一步检验混合所有制改革引入民营战略投资者并委派董事这一方式对国有企业经济效率的影响。因此,为探究混合所有制改革应从哪类行业入手以改善企业创新效率,本部分以 A 股上市公司2008—2017 年手工整理的非国有股东委派董事数据为样本,对哪一类行业引入私营股东更有效进行了实证检验。Ratio_1 和 Ratio_2 分别指引入的民营股东派驻的董事人数占董事会比例以及派驻的董监高人数占董监高总人数的比例,被解释变量 Ecov 表示企业经济效率,并参照已有文献(蔡贵龙 等,2018),选取以下控制变量:全部非国有股东持股之和资产报酬率(Roa)、企业规模(Size)、企业杠杆率(Leverage)、托宾 Q 值(Tobin_Q)、有形资产占比(Tangibility)、企业年龄(Age)、非国有股东股权占比之和(Nonstate)。

按照前文分行业检验的做法,我们仍把企业分为准入门槛较高(竞争不充分)的垄断行业和准入门槛较低(竞争性比较充分)的非垄断性行业。以赫芬达尔指数衡量准入门槛:该指数越大,表明行业竞争越不充分,垄断越强,准入门槛越高;相反,该指数越小,表明行业竞争性越强,准入门槛越低。准入门槛较高的垄断行业往往是国有资本占比较高的行业,其获取超额利润的本质是市场准入的保护,只要准入壁垒不被打破,国有企业就没有激励制度来改善治理结构、提高经济效率,即使引入民营股东,也无法使国有资本建立起有效的激励机制,进行市场化改革。而民营企业进入这些领域,更大概率是与国企分享超额利润而非发挥监督作用、改善公司治理。相反,准入门槛较低的竞争性行业,国有部门和民营部门的竞争环境相对中性,产品竞争基本是市场化竞争,引入的民营股东很可能与国有股东优势互补,倒逼国企改善治理结构,提高经济效率。

表 4.9 针对市场竞争程度的 50%分位数进行分组,第(1)列和第(3)列分别是上 50%样本,市场准入门槛较高,第(2)列和第(4)列分别是下 50%样本,市场准入门槛较低。结果显示,非国有股东治理(Ratio_1 和 Ratio_2)在市场竞争程度较高、准入门槛较低的子样本〔第(2)列和第(4)列〕中,系数分别在 5%和 1%的显著性水平上为正;在市场竞争程度较低、准入门槛较高的子样本〔第(1)列和第(3)列〕中,系数分别在 10%和 1%的显著性水平上显著为负。这一结果也证明了上述分析,即非国有股东治理在准入门槛较低的行业,治理及监督制衡效应比较显著,而在准入门槛较高的行业不显著。引入非国有股东治理需要从竞争性行业入手,打破垄断,降低准入门槛。

综上分析,双循环格局可在上游垄断性部门引入民营资本和竞争机制,在下游竞争性行业则深化混合所有制改革以提高国企经济效率。

表 4.9 行业准入门槛对经济效率的影响

变量	(1)	(2)	(3)	(4)
	Ecov			
	上中位数、准入门槛高	下中位数、准入门槛低	上中位数、准入门槛高	下中位数、准入门槛低
Ratio_1	−0.101*	0.103**		
	(−1.980)	(2.184)		
Ratio_2			−0.189***	0.203***
			(−2.613)	(3.060)
Size	0.291**	0.294*	0.137	0.150*
	(2.106)	(1.930)	(0.852)	(1.892)
Leverage	−0.038***	−0.010***	0.023***	−0.087***
	(−5.669)	(−5.363)	(−5.179)	(−5.651)
Tobin_Q	−0.066	−0.033	−0.011	−0.048**
	(−0.636)	(−1.140)	(−1.174)	(−2.138)
Tangibility	−0.090	−0.094	−0.095	−0.093
	(−1.331)	(−0.946)	(−0.703)	(−0.556)
Age	−0.083**	−0.089**	−0.116***	−0.054***
	(−2.213)	(−2.037)	(−2.585)	(−2.523)
Roa	0.063	0.069	0.062	0.068
	(0.103)	(0.546)	(0.459)	(0.640)
Nonstate	0.047*	0.052***	0.044**	0.048***
	(1.975)	(2.906)	(2.033)	(3.089)
_cons	−8.773***	−8.596***	−12.730***	−12.291***
	(−6.381)	(−5.017)	(−8.792)	(−8.780)
Year	控制	控制	控制	控制
Industry	控制	控制	控制	控制
N	8 638	8 638	8 638	8 638
Adj_R2	0.482	0.482	0.451	0.426

4.6 民营部门：国有资本的非市场化资源 置换功能和非中性竞争

4.6.1 国有资本在民营企业中的作用：税负和融资约束

我国目前的市场经济体制尚不完善，国有资本的存在，通过非市场化机制降低了民营企业承担的税负，缓解了其所面临的融资约束。换言之，国有资本的参与很可能为民营企业带来额外的社会资源，并对其捐赠等社会责任的履行形成补偿和激励，从而对其经济效率及社会责任水平形成正向影响。为了验证以上猜想，本书依次以税负、投资现金流与期末总资产之比和长期贷款占比作为被解释变量，考察国有股权占比在不同类型企业的影响，回归结果如表4.10所示。

以实际有效税负作为被解释变量的回归结果，如表4.10的第（1）列和第（2）列所示，可以发现，国有股权占比系数在国有企业中显著为正（0.101），在民营企业中显著为负（−0.319），这说明国有股权占比的增加会提高国有企业的税负，但会减轻民营企业的税负。

为考察国有资本的参与能否改善民营企业融资约束，本书先参照郝阳等（2017）、宋增基（2014）的做法，以投资现金流与期末总资产之比为被解释变量，以当期经营活动产生的现金流（CF）与国有股权占比的交叉项为解释变量，回归结果如第（3）列和第（4）列所示，可以发现，第（4）列中，解释变量的系数显著为负（−0.015），这说明国有资本的参与缓解了民营控股企业的融资约束，降低了它们对于现金流的依赖程度。进一步地，我们以长期贷款占比（长期贷款/总资产）为被解释变量考察融资约束，回归结果如表4.10中第（5）列和第（6）列所示，可以发现，第（6）列国有股权系数显著为正（0.011），这说明国有资本的参与有助于民营企业获得银行长期贷款。

综上所述，表4.10所示的结果验证了上文的猜想，民营企业中的国有资本通过降低其税负、缓解融资约束并对企业进行捐赠等承担社会责任的行为形成补偿和激励等非市场化手段提高了其经济效率。国有资本在国有部门的分布由于行政进入壁垒等垄断经营具有较低效率,国有资本在民营部门中的较高效率是因为其具有非市场化的资源兑换功能,国有资本在两部门差异化的效率和功能验证了我国资本配置市场化水平的不足以及民营企业处于非中性的竞争环境。

表4.10 国有资本对企业税负和融资约束的影响

变量	(1) 国有企业	(2) 民营企业	(3) 国有企业	(4) 民营企业	(5) 国有企业	(6) 民营企业
	税负		投资现金流/期末总资产		长期贷款占比	
Stateshare	0.101*	−0.319**	0.003 2	0.007	0.006	0.011*
	(2.191)	(−2.712)	(1.843)	(1.209)	(0.973)	(2.075)
CF			0.005 7	0.039*		
			(1.027)	(2.015)		
CF·Stateshare			−0.001 4	−0.015*		
			(1.752)	(2.191)		
Lnsize	0.215***	0.262***	0.408***	0.278***	0.260***	0.339***
	(8.910)	(8.418)	(3.487)	(3.308)	(8.315)	(3.024)
Leverage	−0.166*	−0.395**	−0.584***	−0.556***	0.305***	0.341***
	(−1.701)	(−2.386)	(−3.011)	(−2.583)	(9.241)	(3.048)
Growth	0.277***	0.275***	0.003*	0.000	0.676	−0.148***
	(3.326)	(3.301)	(2.270)	(0.045)	(1.406)	(−2.807)
Liquid	−0.021**	−0.003	0.275***	0.216***	−0.355**	−0.584***
	(−2.407)	(−0.334)	(3.301)	(8.944)	(−2.112)	(−3.011)
Top1	−0.002	0.325	−0.001	0.409**	0.002	−0.478*
	(−0.331)	(1.219)	(−0.223)	(2.472)	(1.199)	(−2.259)
Transfer		−0.015 1		0.450		−0.002
		(−1.208)		(1.547)		(−0.328)
Control	控制	控制	控制	控制	控制	控制
Industry	控制	控制	控制	控制	控制	控制
Year	控制	控制	控制	控制	控制	控制
观测值	7 671	7 462	7 350	7 045	7 611	7 298
Adj_R2	0.453	0.455	0.461	0.436	0.451	0.438

注:括号内的数字为 t 值;*,** 和 *** 分别表示在10%,5%和1%的水平上显著;企业实际控制人性质包括港澳台自然人、大陆自然人、民营企业、中央机构、地方机构和国有企业。

4.6.2 民营企业处于非中性竞争的证据：国有部门对私营部门的挤出效应

非国有资本在国有部门和民营部门效率和功能的差异间接证明了民营企业的经营处于不公平的竞争环境，本部分将以地方政府债务挤出私营企业可获得的信贷资源为视角，为民营企业发展的不公平待遇及非中性竞争提供直接证据。"挤出效应"主要是指劳动力、信贷资本等资源相对有限的情况下政府投融资的扩张性行为，比如不公平竞争、资源再分配或其他渠道，导致企业投融资规模或个人消费水平下降（汪金祥 等，2020）。已有文献显示，政府债务融资不利于企业资本结构，同时降低了私人投资（Graham et al.，2015；陈虹 等，2017）。作为信贷资本的主要供给方，商业银行受到地方政府的影响（郭玉清 等，2016），比如地方政府通过行政干预和土地抵押的方式获得信贷机构的大量资金，在争取银行贷款时，还会以存款权置换贷款权（Huang，1996；郭玉清 等，2016），使新增的信贷资源不成比例地流向国有、低效率的企业，而非私有、高效率的企业。

本书参照 Graham 等（2015）和汪金祥等（2020）的经验做法，通过固定效应模型实证研究地方债务规模对当地上市公司信贷资金水平的影响，并加入上市公司实际控制人是否为国有部门变量（SOE）以及交互项变量（LGD·SOE）验证国有部门对私营部门信贷资源的挤出效应。考虑万得数据库（Wind）自 2008 年以后较详细地提供了地方政府债务余额信息，我们选择的样本期间为 2009—2017 年。参照汪金祥等（2020）构造变量的方法，我们以地市为单位收集 GDP、GDP 增长率、总人口数、公共财政收入和公共财政支出等与地方政府债务余额相关的数据，找到每一个上市公司所在地级市对应的政府债务数据作为主要解释变量，以企业资产负债率（Lev）为被解释变量，同时控制了企业资产收益率（Roa）、成长性（RG）、资产有形性（Tang）、企业规模（Size）、非债务税盾（NDTS）、经济增长率（GDPG）、人均国内生产总值（GDPP）、财政收入（PFR）、财政支出（PER）等，剔除关键数据缺失和已退市的样本，并特别注意删掉地方政府所属融资平台的上市公司，最终获得了包含 224 个地级市共 1 676 家公司的 13 282 个样本观测值的非平衡面板数据。

表 4.11 所示为地方政府债务规模对企业信贷资金获取的影响的回归结果。其中，第（1）列中地方政府负债率（LGD）变量的回归系数在 1% 的水平上显著为

负,即地方政府负债率对当地上市公司负债水平产生了显著的负向影响,说明地方政府债务规模越大,当地上市公司的负债水平越低。该结果证实了经济理论中关于政府债务规模扩张对企业融资规模具有挤出效应的预测,与 Fan et al.(2012)、Graham et al.(2015)和汪金祥等(2020)的实证结果相似。

由于我们更关注国有部门对私营部门信贷资源的挤出效应,因此企业产权性质是关键的调节变量。在表 4.11 的第(2)列我们加入了企业是否为私营企业(POE)这一虚拟变量,该变量根据上市公司实际控制人性质取值,若实际控制人是私有则取值为 1,若为非私有则取值为 0。表 4.11 第(2)列的回归结果显示,企业是否为私营企业(POE)的系数在 1% 的水平上显著为负,地方政府负债率和是否为私营企业的交互项(LGD·POE)系数在 5% 的水平上显著为正,表示私营上市公司的负债水平显著低于非私营上市公司,且地方政府负债率对私营上市公司负债水平的抑制作用十分显著。该结果表明,地方政府债务规模扩张只对当地私营企业的负债水平产生了明显的挤出效应,由于负债水平与企业的投资与发展密切相关,这间接说明了国有部门资本对民营资本发展空间的挤占。

本部分以地方政府债务挤出私营企业可获得的信贷资源为视角,说明了国有资本对民营资本的挤出,为民营企业发展的不公平待遇及非中性竞争提供了直接证据,也为双循环格局下国有资本配置的改革方向提供了微观基础。

表 4.11　地方政府债务规模对企业信贷资金获取的影响的回归结果

变量	(1)	(2)
	企业资产负债率	
LGD	-0.012^{**}	-0.004^{*}
	(-2.117)	(-1.981)
POE		-0.038^{***}
		(-3.112)
LGD·POE		0.008^{**}
		(2.315)
Roa	-0.367^{***}	-0.365^{***}
	(-14.372)	(-13.260)
RG	0.028^{***}	0.019^{***}
	(15.832)	(15.407)

续表

变量	(1)	(2)
	企业资产负债率	
Tangibility	0.126***	0.125***
	(12.042)	(12.010)
Size	0.275***	0.243***
	(17.394)	(15.821)
NDTS	0.257***	0.231***
	(4.625)	(4.357)
GDPG	0.002***	0.002***
	(3.770)	(3.418)
GDPP	0.003	0.001
	(0.685)	(0.355)
PFR	−0.041	−0.032
	(−0.856)	(−0.731)
PER	−0.002	−0.001
	(−0.623)	(−0.541)
_cons	−0.718***	−0.733***
	(−5.780)	(−3.911)
Industry	控制	控制
Year	控制	控制
Firm	控制	控制
City	控制	控制
观测值	13 282	13 282
Adj_R2	控制	控制

4.7 本章结论及政策建议

双循环格局对提高国有资本的配置效率、深化国企改革提出了更高的要求。本章在一般均衡框架下构建理论模型,从微观视角考察国有资本功能在国有、民营两部门中的差异,讨论双循环格局下如何有效配置国有资本,推动竞争中性框架的建立。研究表明：国有资本在理论上具有正向的经济效率并促进企业积极承担社会责任，但经验证据显示其经济效率偏低，且在国有部门和民营部门有较大差异。在国有部门中，国有资本的经济效率显著低于民营企业，且在低市场竞争度、高行政进入壁垒行业中尤为突出，证实了国企的垄断经营和不公平竞争；尽管国有资本在下游竞争性行业表现了较高的效率，但主要是因为挤占了私营部门的投资空间。在民营部门中，国有资本具有较高的经济效率，但主要是通过降低其税负、缓解融资约束并对企业进行捐赠等承担社会责任的行为形成补偿和激励等方式提高了其经济效率，而非国有资本理论上的市场化收益性功能。

国有资本在国有部门和私营部门差异化的效率和功能验证了民营企业处于非中性的竞争环境，在未来的双循环格局部署中，需进一步打破国有企业行业的进入壁垒，尤其是降低上游垄断性行业的进入门槛，降低由上游高壁垒行业导致的较高生产成本，去除国有、民营两部门存在的各种显性与隐性的要素流通障碍。在下游竞争性行业则深化混合所有制改革，积极引入民营股东以提高国企效率。国有资产管理体制也应力主从以前的"管人管事管企业"转为"管资本"，这有助于推动引入战略投资者的所有制混合构架的最终形成。同时，要进一步推动我国的市场化进程，构建更加公平、开放的市场环境。国有资本定位应该是以不挤出民间资本为原则，为民营企业提供竞争中性的、与国有企业无差别或少差别的平等的国民待遇，释放出因国有部门过度投资所挤占的私营部门投资空间，促进国内经济大循环。本章从深化国企改革、营造竞争中性环境的视角，为双循环格局下如何更高效率配置国有资本提供了一定的理论及经验证据。

本章参考文献

白重恩，路江涌，陶志刚，2006.国有企业改制效果的实证研究[J].经济研究，(8)：4-13.

蔡贵龙，柳建华，马新啸，2018.非国有股东治理与国企高管薪酬激励[J].管理世界，34(5):137-149.

陈虹，杨巧，2017.政府债务与私人投资的关系研究-OECD 国家与中国的比较[J].

国际金融研究,(12):17-24.

陈林,万攀兵,许莹盈,2019. 混合所有制企业的股权结构与创新行为——基于自然实验与断点回归的实证检验[J]. 管理世界,35(10):186-205.

陈林,朱卫平,2011. 创新、市场结构与行政进入壁垒-基于中国工业企业数据的熊彼特假说实证检验[J]. 经济学(季刊),10(2):653-674.

董先安,2004. 浅释中国地区收入差距:1952—2002[J]. 经济研究,(9):48-59.

郭玉清,何杨,李龙,2016. 救助预期、公共池激励与地方政府举债融资的大国治理[J]. 经济研究,(3):81-95.

国家统计局课题组,2001. 对国有经济控制力的量化分析[J]. 统计研究,(1):3-10.

郝书辰,田金方,陶虎,2012. 国有工业企业效率的行业检验[J]. 中国工业经济,(12):57-69.

郝阳,龚六堂,2017. 国有、民营混合参股与公司绩效改进[J]. 经济研究,(3):124-137.

胡一帆,宋敏,张俊喜,2006. 中国国有企业民营化绩效研究[J]. 经济研究,(7):49-60.

李利英,2004. 中国国有企业生产率变动趋势的实证分析——基于对769家国有企业跟踪调查样本的判断[J]. 经济科学,(1):65-72.

李姝,谢晓嫣,2014. 民营企业的社会责任、政治关联与债务融资——来自中国资本市场的经验证据[J]. 南开管理评论,17(6):30-40.

李文贵,余明桂,2015. 民营化企业的股权结构与企业创新[J]. 管理世界,000(4):112-125.

林莞娟,王辉,韩涛,2016. 股权分置改革对国有控股比例以及企业绩效影响的研究[J]. 金融研究,000(1):192-206.

刘瑞明,2013. 中国的国有企业效率:一个文献综述[J]. 世界经济,36(11):136-160.

刘瑞明,石磊,2010. 国有企业的双重效率损失与经济增长[J]. 经济研究,(1):127-137.

刘小玄,2000. 中国工业企业的所有制结构对效率差异的影响——1995年全国工业企业普查数据的实证分析[J]. 经济研究，(2):17-25.

刘小玄,李利英,2005. 企业产权变革的效率分析[J]. 中国社会科学，(2):4-16.

宋增基,冯莉茗,谭兴民,2014. 国有股权、民营企业家参政与企业融资便利性——来自中国民营控股上市公司的经验证据[J]. 金融研究，(12):133-147.

汪金祥,吴世农,吴育辉,2020. 地方政府债务对企业负债的影响——基于地市级的经验分析[J]. 财经研究，46(1):111-125.

温军,冯根福,2012. 异质机构、企业性质与自主创新[J]. 经济研究，47(3):53-64.

吴延兵,2012. 国有企业双重效率损失研究[J]. 经济研究，47(3):15-27.

谢莉娟,王诗桴,2016. 国有资本应该退出竞争性领域吗——基于行业比较与批发业效率机制的分析[J]. 财贸经济，(2):127-144.

徐尚昆,杨汝岱,2007. 企业社会责任概念范畴的归纳性分析[J]. 中国工业经济，(5):71-79.

杨北京,冯璐,2019. 国有股权、企业社会责任与信贷约束[J]. 金融论坛，24(2):27-39.

杨记军,逯东,杨丹,2010. 国有企业的政府控制权转让研究[J]. 经济研究，45(2):69-82.

姚洋,1998. 非国有经济成分对我国工业企业技术效率的影响[J]. 经济研究，(12):29-35.

姚洋,章奇,2001. 中国工业企业技术效率分析[J]. 经济研究，(10):13-19.

郑京海,胡鞍钢,Arne Bigsten,2008. 中国的经济增长能否持续？——一个生产率视角[J]. 经济学(季刊)，(3):777-808.

郑志刚,2020. 国企混改[M]. 北京:中国人民大学出版社.

周敏慧,陶然,2018. 中国国有企业改革:经验、困境与出路[J]. 经济理论与经济管理，(1):87-97.

FAN J P H, TITMAN S, TWITE G, 2012. An International Comparison of Capital Structure and Debt Maturity Choices[J]. Journal of Financial and Quantitative Analysis，(47):23-56.

JRGA D, MTLB D, MRRC D, 2015. A century of capital structure: the leveraging of corporate America[J]. Journal of Financial Economics, 118(3): 658-683.

HUANG Y, MENG X, 1997. China's Industrial Growth and Efficiency: a Comparison Between The State and The TVE Sectors[J]. Journal of the Asia Pacific Economy, 2(1):101-121.

HUANG Y S, 1996. Central-local relations in China during the reform era: the economic and institutional dimensions [J]. World Development, 24 (2): 655-672.

LIN S, 2010. Resource Allocation and Economic Growth in China[J]. Economic Inquiry, 38(1):515-526.

MEGGINSON, WILLIAM L, NETTER J M, 2001. From State to Market: a Survey of Empirical Studies on Privatization [J]. Journal of Economic Literature, 39(1): 321-389.

SUN Q, TONG W H S, SCHWERT G W, 2003. China share issue privatization: the extent of its success[J]. Journal of Financial Economics, 70(1): 183-222.

TAN Y, TIAN X, ZHANG X, et al, 2020. The real effect of partial privatization on corporate innovation: Evidence from China's split share structure reform[J]. Journal of Corporate Finance, 64(10):101-130.

第5章 非国有股东治理与企业创新：监督制衡还是短视逐利？

5.1 引　　言

国有企业的创新效率直接关系到我国创新驱动转型战略的深入实施。由于创新活动具有投资周期长、不确定性高、承担风险大等特点，需要国企管理层具备较强的决策和治理能力，并对失败有较高的容忍度（Manso，2011）。然而，现实中的国有企业往往对经理人的有效激励和监督不足，内部治理上存在较严重的代理冲突。党的十八届三中全会以来，国有企业推行了新一轮的"混合所有制改革"，其目的之一就是通过非国有资本参股国有企业、首次公开上市、员工持股等方式，提高国有企业的股权多元性，改善所有者缺位和"一股独大"等治理问题，促进各类所有制资本取长补短、共同发展，提升国有企业长期价值（蔡贵龙 等，2018）。然而，只停留在股权层面的交叉持股而不涉及治理层面的"话语权"混改，无法从根本上改变低效率的治理问题。现实中，改善国有企业董事会治理水平对深化"混改"具有实质性意义，改革通过引进非国有股东参与治理，形成"混合所有型董事会"。民营股东通过委派董事的方式在实际经营决策中获得了一定的话语权，大大地增加了其完善管理层监督和激励机制的动机（眭纪刚 等，2018），减少了管理者的机会主义行为或道德风险，避免管理者做出违背企业长期价值增加的低效决策，真正改善了国企的治理水平，发挥了"混改"的积极作用。

创新是一项长期投入且具有极大不确定性和失败风险的事业，建立对管理层有效率的激励制度并解决好委托代理问题是必要条件。同时，由于投资于创新项目的资本支出会对企业短期业绩或股价表现出一定的负面冲击，投资者和外界资本市场很可能给公司高管施压，这就需要管理者具备较强的判断力、治理能力以及在短期内扛住利润诱惑和外界压力的个人素质。大多数情况下，市场压力和潜在竞争者们会使管理层不得不迎合市场预期而放弃那些短期内不利于利润表现但长期可以增加企业价值的创新项目，此时的创新决策甚至成了考验管理层个人能力和"理想抱负"的"试金石"。更重要的是，在国有企业现有的考核激励机制下，委托代理冲突严重——董事长或高管往往将个人仕途或声誉作为首要目标，他们更在意创新决策的不确定性和潜在风险带来的损失，而不是关注长期研发获得的可能收益，这与创新活动的内在逻辑完全背离。因此，国有企业高管本身的创新动机并不强烈。

但是，"混改"引入的非国有股东的目标偏好和决策模式与国有股东存在较大差异，利润最大化是他们的目标函数，而唯有通过创新才能获得超过市场平均利润的超额收益（眭纪刚 等，2018）。因此，创新活动对天然具有逐利属性的非国有股东而言具有较强的激励作用。非国有股东参与董事会经营决策后，会有动力改善管理层的委托代理问题，缓解国有企业"所有者缺位"和"内部人控制"等问题，更有效地监督高管，降低其因机会主义行为对企业价值造成的损害。然而，非国有股东是否真正有动力并有能力改善治理问题、促进创新，经验证据表明，或许受到很多因素影响。已有研究表明，民营股东获得了上市公司的控股权后，也有可能"掏空"国有股东的利益（唐跃军 等，2014）。非国有股东的逐利天性必然会使其追求最大化的利润，其目标函数相较于国企决策者更为单一，尤其在面对政策环境的不确定性时，其短期内追求业绩和超额收益的动机更加会被放大。

那么，非国有股东参与治理能否改善国有企业的创新水平？本章手工搜集并整理了A股上市公司2008—2017年非国有股东委派董事数据的样本，实证研究了非国有股东参与董事会治理对国有企业创新的影响及作用机制。

本章的贡献主要体现在以下几个方面。首先，我们首次研究了非国有股东治理对国有企业创新的影响，提供了实证经验证据，丰富了有关国企"混改"的模式及效果的相关文献。我们还采取多种方法控制了变量之间可能存在的内生性问题，从而为非国有股东治理与国有企业创新的关系提供了较为稳健的结论。其次,尽管有学者提出国企改革应从降低行业准入门槛和内部深化混合所有制入手(周敏慧 等,2018),但尚未提供经验证据。本文从内部深化改革视角补充了这一论点。最后,尽管已有研究探讨了非国有股东对企业绩效(郝阳 等,2017)、高管薪酬激励(蔡贵龙,2018)、内部控制质量(刘运国 等,2016)等的影响,但本章从国有企业创新这一视角为非国有股东治理的经济后果提供了新的证据。

本章接下来的结构安排如下:5.2 节为理论分析与假说提出;5.3 节是研究设计;5.4 节为实证检验结果及分析;5.5 节是机制分析;5.6 节是本章结论及政策建议。

5.2 理论分析与假说提出

5.2.1 委托代理问题与国有企业创新

董事会是公司最重要的经营决策机构,股东参与公司治理主要通过股东大会投票和董事会投票两个渠道(Graham et al.,2005)。相对于民营企业而言,由于缺乏对经理人的有效激励和监督机制,国有企业具有更严重的代理问题(Vogelsang,1994)。然而,创新活动的天然特性与国企现有的治理结构与激励制度几乎背离。创新具有投入周期长、不确定性较大且失败风险较高等特点,需要公司治理机制中增加对管理层的有效激励,解决好"所有者缺位"的委托代理问题,甚至需要高管具有一定的企业家精神或个人特质。已有研究表明,企业外界的机构投资者(Shleifer et al.,1990)、分析师(He et al.,2013)、媒体(杨道广 等,2017)等利益相关者对企业长期的创新研发项目会产生众多质疑和施压,希望研发资本支出不会影响公司的短期业绩和股价表现;同时,一些潜在的竞争对手也会"虎视眈眈"——一旦公司创新投资失败或短期股价受损,恶意竞争者可以出手收购(Stein,1988)。因此,市场压力和潜在竞争者们会使管理层不得不迎合市场预期而放弃那些短期内不利于利润表现但长期可以增加企业价值的创新项目。在理性决策下,许多管理者选择被动扭曲投融资决策,将资源更多地投入到短期项目中,导致一些有乐观前景的创新项目夭折,加之所有制缺位问题和大股东与小股东之间的第二类代理问题(唐跃军 等,2014),这些现实因素均导致管理者自身的创新动机十分微弱。

但是,"混改"引入的非国有股东的目标偏好和决策模式与国有股东存在较大差异,追逐超额收益和最大化的回报率是其唯一目标,而只有通过创新才能获得超过市场平均利润的超额收益(眭纪刚 等,2018)。因此,创新活动的内在逻辑与非国有股东的目标诉求基本一致,创新研发对非国有股东而言具有较强的激励作用。非国有股东通过参与董事会治理获得一定的话语权,影响企业的投资和经营决策,避免管理者只考虑短期业绩而陷入低效率投资,放弃那些具有一定失败风险但在长期内会大幅增加企业盈利能力的创新项目。

同时,非国有股东也扮演着监督和制衡的角色。公司非国有股东对控股股东的制衡是保护外部投资者利益的一种重要机制,不同所有制结构的多个大股东的存在可以起到互相监督和制衡的作用(Marco et al.,1998;Bennedsen et al.,2000;Benjamin et al.,2005)。已有研究表明,其他股东制衡度越高,越倾向于在董事会中增加所委派董事的人数,以便引入外部监管制衡控股股东(唐跃军 等,2014)。不难猜想,在一定程度上,非国有股东力量越强,越可能增加董事人数,越有利于引入外部监管对控股股东进行有效的监督和约束。非国有股东参与经营决策也会使其有动力改善管理层的委托代理问题,缓解国有企业"所有者缺位"和"内部人控制"等问题,更有效地监督高管,减少其因机会主义行为对企业价值造成的损害。总之,非国有股东参与董事会治理具有"监督制衡效应"。据此,本章提出对立假设之一。

H1(a):非国有股东参与国有企业董事会治理具有"监督制衡效应",有利于国有企业的创新。

然而,非国有股东委派董事参与公司治理这一模式能否真正改善国企治理结构从而提高其创新能力,答案却并非完全肯定。经验证据表明,上市公司的控股权由国有股东转移到民营股东后,也有可能受到民营控股股东的"掏空"(唐跃军 等,2014)。有研究表明,2005年推行的股权分置改革并未有效促进国有上市公司治理状况与运营效率的改善(Bennedsen et al.,2000),因为引入非国有资本后国有股东和非国有股东之间是否能形成有效制衡关系是一个巨大的考验(Benjamin et al.,2005;涂国前 等,2010)。非国有股东的逐利天性使其目标函数相对于国企决策者更为单一,尤其遇到经济政策不确定的情况和对未来预期不明朗时,其短期内追求超额收益的动机更加会被放大。此时非国有股东很可能选择给管理者施压,放弃那些在长期内增加企业价值但面临较高不确定性的创新研发活动,转而投向收益巨大的短期项目,甚至利用国有企业的社会资源优势和信用背书开展多元化并购业务等在短期内攫取超额利润。因此,非国有股东参与董事会治理兼具"短视逐利效应"。据此,我们提出另一个对立假设。

H1(b):非国有股东参与国有企业董事会治理具有"短视逐利效应",不利于国有企业的创新。

5.2.2 行业行政进入壁垒与国有企业创新

那些处于存在行政进入壁垒行业的企业往往通过其非经济性的垄断地位获得超额收益,而非通过持续创新取得垄断利润(眭纪刚 等,2018)。已有文献表明,非经济垄断长期并稳定地存在于不同所有制的企业之间(刘小玄 等,2014)。这种垄断违背了市场竞争的效率原则,保护了低效率的长期存在,导致社会资源错配引起的社会效率和福利的损失。应打破非经济性垄断,促进合理竞争,消除行业的进入与退出壁垒。国外学者选取韩国这一行政进入壁垒较强的国家进行了相关的实证研究探索,结果表明:以食品饮料、纺织服装、木材等处于技术发展成熟期和产业发展成熟期的 258 个产业为样本,发现其创新与市场力量呈"倒 U 形"曲线关系或负线性关系(Lee,2005),熊彼特假说不成立①,即行政进入壁垒扭曲了垄断与创新的内在经济学逻辑。国内学者也提供了一些经验证据,认为国有经济比重大的、存在行政进入壁垒的产业的创新与市场力量呈显著"U 形"曲线关系,国有经济比重小的自由市场产业的创新与市场力量之间的关系则不符合熊彼特假说。如果企业不能自由地进入和退出行业,那么创新和市场力量的关系也不再是正相关(陈林 等,2011)。同时,在我国的产业结构中,处在上游行业的国有企业往往存在一定程度的行政性垄断和进入壁垒,而下游行业的市场竞争水平相对较高(王勇,2017)。这些研究证明,行业行政进入壁垒这一非经济性垄断对企业创新有显著的影响。

如果非国有股东进入到了具有行政进入壁垒行业的国有企业中,在整个行业

---

① 若熊彼特假说成立,应该是创新与市场力量呈正相关,这说明很可能韩国存在较强的市场进入壁垒导致原假说不成立。

放开自由进入和退出这类限制之前,单纯靠企业股权层面及内部治理层面的混改,很难打破国企靠行政垄断获取超额利润的盈利模式。民营股东加入这类行业的主要目的大多是与在位者们分享其进入壁垒的"特权"及行政垄断性的超额收益。由于丰厚的垄断利润很可能已经大部分满足甚至超预期满足了非国有股东的理想收益,那么他们对国企内部管理层进行监督或制衡的动机自然相对较弱,同时,对董事会经营决策的影响必然也十分有限。此种情形下,任何人甚至不需要从事具有失败风险的创新活动,仍旧可以通过其准入壁垒获取稳定的预期收益,此时对非国有股东来说,配合国有高管赚取短期丰厚利润是其最优选择。相反,如果非国有股东进入那些行政准入门槛较低行业的国有企业,市场竞争压力将使他们不得不更多地关注企业的创新效率和长期回报率,他们反而更有可能通过委派董事的方式参与到经营治理和长期决策中①,缓解所有者缺位带来的代理问题,发挥监督和治理作用。因此,本章提出第2个假设。

H2:在其他条件一定的情况下,相对于行业行政进入壁垒较高的国企,非国有股东对创新的促进作用在行业行政进入壁垒较低的国企中更显著。

5.2.3 经济政策不确定性与国有企业创新

经济政策不确定性一般指的是经济主体无法确切地预知政府是否、何时以及如何改变现行经济政策(Gulen et al.,2016)。经济政策是政府营造企业经营外部环境的重要方面。与经济政策本身的调整和变化相比,经济政策不确定性对企业决策的影响更为隐蔽,不容易引起政府的足够重视。换句话说,经济政策不确定性对企业创新决策的冲击很可能要比政策本身的影响效果更强。很多经济学家甚至认为经济政策不确定性本身就是经济衰退的重要驱动力(Bloom,2009)。

近年来,越来越多的国内外研究发现,官员变更导致的政策不稳定性对一国的宏观经济增长有显著的负面影响(陈仕华 等,2015;Alesina et al.,1994)。由美国学者Baker等编制的经济政策不确定性指数(Economic Policy Uncertainty/EPU Index)显示(Jones et al.,2005),激烈的总统选举(多为执政党阵营转换时)对经济

---

① 本章区分垄断性和竞争性国有企业后发现,非国有股东委派董事的比例在竞争性国有企业中约为11.58%,而在垄断性国有企业中为1.73%,支持了这一推断。

政策不确定性的影响丝毫不亚于重大的危机事件(Baker et al., 2013)。特别值得注意的是,政府的积极作为在一定程度上很容易增加经济政策不确定性。这种不确定性会深深地影响企业决策者对创新研发的投资决策。考虑创新项目投入的周期较长和资本支出额度较高,决策者甚至会等待经济政策和经营环境相对稳定以后再做出相应的研发投资决策。因此,政府积极或频繁制定的经济政策很可能会延迟甚至阻碍创新活动,经济政策的不确定性甚至会比错误决策本身导致更大的损失(Gulen et al., 2016)。国内外众多学者研究了多种行业的经济政策不确定性给企业创新带来的损失,提供了较多经验证据。Marcus列举了能源行业政策不确定性而导致复合燃料技术无法应用,工业锅炉的改造被迫延期等技术创新滞后(Marcus, 1981);Bhattacharya等人对比了政策本身和政策不确定性对企业创新的影响,认为政策本身不会对企业创新造成显著的影响,因为企业本身有能力灵活适应不同政策,但政策的不确定性会造成决策者对未来预期的不稳定性,导致企业决策者不知该适应何种政策而延迟了创新决策甚至放弃研发计划(Bhattacharya et al., 2014)。国内的研究也得到了相似的结论,比如面临政策不确定性时,民营企业获得银行信用借款的比例显著降低,担保借款比例显著提高,体现了政治权力转移的不确定性风险对企业创新活动的伤害(钱爱民 等,2016)。同理,当政策不确定性较高时,会增强非国有股东追逐短期超额收益的动机,以可预期范围内自身利润最大化为第一目标,放弃那些投资周期较长且具有一定失败风险的创新计划,并给管理者施加压力,要求其将资金投入到可预期范围内具有最大化回报率的项目中。据此,本章提出第3个假设。

H3:企业面临的经济政策不确定性越大,非国有股东参与董事会治理越不利于国有企业创新。

5.3 研究设计

5.3.1 数据来源与样本选择

考虑国有股权信息以及董事会成员信息的披露与可获得性,本章以2008—2017年我国沪、深两市国有上市公司为研究对象。在选择样本期间时,考虑2007

年年底我国上市公司国有企业股权分置改革才基本完成,而在此之前非国有股东很难有机会进入国有上市公司,因此本章选取股权分置改革后的2008年为研究起点。本章的非国有股东数据是通过手工收集和整理上市公司披露的前十大股东性质、持股比例和高管背景获得,专利数据来自国家知识产权局数据库,根据上市公司企业代码进行匹配。财务数据主要来自CSMAR数据库。借鉴已有研究的做法,本章采用以下标准筛选样本:(1)剔除金融行业及房地产行业样本;(2)剔除资不抵债的样本;(3)剔除ST、PT样本;(4)剔除主要变量缺失的样本。最终获得8 638个年度观测值。为消除极端值对研究结论的影响,我们对所有的连续性变量在1%和99%水平上进行了Winsorize处理。

5.3.2 回归模型与变量说明

1. 企业创新

借鉴已有研究(He et al.,2013;Cornaggia et al.,2015),并考虑企业年报的R&D支出存在较多缺失值以及会计准则变化导致处理方式存在较大差异,我们以专利申请数来衡量企业的创新。另外,R&D支出仅反映了企业创新投入中财务视角这一维度,而企业的人力资本投入、技术资源投入均未在R&D中得到反映(朱冰 等,2018;鞠晓生 等,2013)。相比之下,专利更全面、更综合地反映了企业对各种可观测及不可观测变量最终孵化成功的投入(He et al.,2013)。因此,本章以当年或某个年度被成功授予的专利的申请数来衡量企业创新水平。

2. 非国有股东治理

结合已有文献,我们在构造变量来衡量非国有股东治理时,主要考虑在企业经营决策和董事会治理方面,非国有股东的委派代表所占席位在一定程度上能反映其对公司日常经营的介入程度,因此,本章采用非国有股东在董事会的席位比(Ratio_1)和非国有股东在董监高的席位比(Ratio_2)来衡量(蔡贵龙 等,2018)。如果两个股东属于"一致行动人"或受同一个最终控制人控制,则将两个股东视为同一个股东处理。本章定义的股东委派高管的判断如下:如果有公司高管为自然人股东,则该自然人本身属于一名非国有股东委派的高管;如果有公司高管同时在该公司非国有法人股东中兼任董事等职务,则视为非国有股东向该上市公司委派高管一名①。我们特别考虑了非国有股东所持有的股权比例对企业创新决策的影响,在控制变量中进一步控制与股权相关的变量,使非国有股东的治理变量(Ratio_1、Ratio_2)尽可能准确地反映其对创新的影响,避免遗漏重要控制变量造成高估。

3. 行业行政进入壁垒

本章采用国有资产比重来作为行业行政进入壁垒的代理变量,同时假设政府对国有资产比重较大的产业设置了较强的行政进入壁垒。我们参照国家统计局课题组的做法核算国有资产比重变量(国家统计局课题组,2001),使用数据库中某个产业内"登记注册类型"为国有企业、国有独资企业、国有联营企业、集体企业、集体联营企业、国有与集体联营企业的企业资产总额除以整个产业的资产总额。为使该指标尽可能真实地反映国有经济比重,本章把"国有联营企业""集体企业""集体联营企业""国有与集体联营企业"等企业也算作国有性质企业,尽管这部分企业的数量和市场份额均很小。

4. 经济政策不确定性

越来越多的研究开始使用 Baker 等编制的中国经济政策不确定性指数来衡量中国经济政策的不确定性,该指标是 Baker 等基于《南华早报》(South China Morning Post)中的关键词搜索而构建的中国经济政策不确定性指数,本章亦采用该指数来衡量企业创新时所面临的经济政策不确定性。

5. 其他控制变量

根据已有文献的做法(He et al., 2013;Cornaggia et al., 2015;朱冰 等,2018;鞠晓生 等,2013;罗正英 等,2014),本章主要控制了以下变量:非国有股东股权占比之和(Nonstate)、企业资产收益率(Roa)、企业规模(Size)、企业杠杆率(Leverage)、托宾 Q 值(Tobin_Q)、企业有形资产(Tangibility)、企业年龄(Age)、

---

① 本书股东委派高管的数据与蔡贵龙等国内学者的做法一致(Graham et al., 2018)。

现金持有量(Cash)、第一大控股股东持股比例(Top1)、管理层持股比例(Manratio)以及管理层薪酬(Mansalary)等。各变量的定义详见表 5.1。此外,我们还控制了年度效应和行业效应。根据国家知识产权局发布的《2015 年中国专利调查数据报告》,企业 67.3%的专利研发周期小于 2 年,因此本章将因变量作前置一期的处理,这也在一定程度上缓解了内生性问题的影响①。此外,为保证结论的稳健性,我们根据 Petersen 等的方法,对文中所有回归模型的标准误进行了公司层面的 Cluster 聚类调整(Petersen,2009)。

表 5.1 变量的名称、含义与定义

变量名称	变量含义	变量定义
T_number	第 t 年的专利产出数量	企业第 t 年申请并获得通过的专利总数+1 的自然对数
Ratio_1	非国有股东在董事会的席位比	非国有股东派驻的董事人数占董事会总人数的比例
Ratio_2	非国有股东在董监高的席位比	非国有股东派驻的董事、监事以及高管人数之和占公司董监高总人数的比例
Tpu	经济政策不确定性	采用 Baker 等编制的"中国经济政策不确定性指数"
State_ratio	国有资产比重	国有总资产在行业中的比重
Nonstate	非国有股东股权占比之和	企业全部非国有股东的持股比例之和
Size	企业规模	年初资产与年末资产的平均值后取对数
Leverage	企业杠杆率	企业年末负债与年末资产之比
Cash	现金持有量	企业货币资金与总资产的比例
Top1	第一大控股股东持股占比	公司第一大股东持股占总股本比例
Age	企业年龄	企业上市至今的年份+1 后取自然对数
Tangibility	企业有形资产	有形资产占总资产比例
Roa	企业资产收益率	企业息税前利润与总资产比率
Tobin_Q	托宾 Q 值	企业总资产市场价值与账面价值的比率
Mansalary	管理层薪酬	公司前 3 名高管的薪酬均值取对数
Manratio	管理层持股比例	管理层持股占总股本的比例

---

① 参照国内学者的做法(朱冰 等,2018),除考虑内生性问题外,在稳健性检验中,我们还分别考察了将因变量前置两期、三期的情形,研究结论不变。

6. 实证模型

采用式(5.1)所示的固定效应模型考察非国有股东治理对企业创新水平的影响。其中，$Innovation_{i,t+1}$ 用第 $t+1$ 年的专利产出数量（T_number）来衡量。NonstateGov 意为非国有股东治理，我们用治理变量"非国有股东在董事会的席位比（Ratio_1）"和"非国有股东在董监高的席位比（Ratio_2）"来衡量非国有股东派驻董事数量占董事会或管理层的比例。$Controls_t$ 为相关控制变量。β_1 为我们关注的核心变量，若 β_1 显著大于 0，则表明非国有股东对企业创新有促进作用，即"监督制衡效应"占主导地位；反之，则"短视逐利效应"占主导地位。

$$Innovation_{i,t+1} = \beta_0 + \beta_1 NonstateGov_{i,t} + \gamma Controls_{i,t} + \varepsilon_{i,t} \quad (5.1)$$

5.4 实证检验结果及分析

5.4.1 描述性统计

表 5.2 中 Panel A 为结果的总体描述性统计。申请并获得通过的专利总数（T_number）的平均值为 0.813，显著小于最大值 5.451，加之其标准差均处于较高水平，说明企业创新（专利）的波动程度较大。非国有股东在董事会的席位比（Ratio_1）和非国有股东在董监高的席位比（Ratio_2）的平均值分别只有 0.023 和 0.014，说明国有企业中派驻董事会和董监高的非国有股东的比例处于较低水平。非国有股东股权占比之和的平均值为 0.113。其他变量的分布也与现有文献结论相似（朱冰 等，2018；鞠晓生 等，2013；罗正英 等，2014）。

表 5.2 中 Panel B 是根据是否委派董事及高管分组后的描述性统计结果。其中第（1）列和第（2）列是没有委派董事组；第（3）列和第（4）列是委派董事组。对于专利产出数量（T_number），派驻非国有董事的企业平均值为 6.572，不派驻非国有董事的企业平均值为 4.371，说明派驻非国有董事提高了企业的创新能力。T_number 的系

数在两组中的差异在1%的显著性水平上显著,说明非国有董事对专利总产出和专利引用水平具有明显的促进作用。非国有股东股权占比之和(Nonstate)的系数在两组之间的差异也非常显著,需控制其影响;其余变量在不同股权结构下均存在显著差异,表明在多元回归分析中有必要控制这些变量所带来的影响。

表5.2 主要变量的描述性统计结果

Panel A:总体描述性统计

变量	观察值	平均值	标准差	最小值	中位数	最大值
T_number	8 638	0.813	1.792	0.000	0.000	5.451
Ratio_1	8 638	0.023	0.253	0.000	0.000	0.386
Ratio_2	8 638	0.014	0.210	0.000	0.000	0.261
State_ratio	8 638	0.132	0.231	0.000	0.264	0.852
Tpu	8 638	1.529	0.824	0.267	0.871	3.932
Nonstate	8 638	0.113	0.311	0.009	0.072	0.431
Size	8 638	22.578	1.411	18.219	22.380	28.509
Leverage	8 638	0.540	0.329	0.010	0.529	1.649
Tobin_Q	8 638	1.901	1.772	0.153	0.773	7.819
Tangibility	8 638	0.940	0.087	0.148	0.964	1.000
Age	8 638	2.426	0.630	0.000	2.564	3.295
Roa	8 638	0.030	0.058	−0.998	0.030	0.477
Cash	8 638	0.154	0.116	−0.060	0.118	0.878
Top1	8 638	39.726	42.734	10.866	19.635	89.41
Manratio	8 638	4.010	0.009	0.000	13.280	67.420
Mansalary	8 638	13.090	0.752	10.034	13.094	15.140

Panel B:根据是否委派董事及高管分组后的描述性统计结果

变量	(1) 观察值	(2) 平均值	(3) 观察值	(4) 平均值	(5) mean-diff	(6) t
是否派驻董事	NO	NO	YES	YES		
T_number	6 864	4.371	1 774	6.572	0.129***	2.332
Nonstate	6 864	0.131	1 774	0.275	0.920***	15.970

续 表

变量	(1) 观察值	(2) 平均值	(3) 观察值	(4) 平均值	(5) mean-diff	(6) t
Size	6 864	22.786	1 774	22.476	0.309***	5.487
Leverage	6 864	0.534	1 774	0.481	0.053***	7.316
Tobin_Q	6 864	1.891	1 774	2.005	−0.114	−1.728
Tangibility	6 864	0.942	1 774	0.936	0.006*	1.987
Age	6 864	2.451	1 774	2.179	0.272***	11.386
Roa	6 864	0.032	1 774	0.048	−0.016***	−7.759
Cash	6 864	0.142	1 774	0.165	−0.024***	−7.020
Top1	6 864	41.039	1 774	34.551	6.488***	11.009
Manratio	6 864	0.002	1 774	0.018	−0.016	−1.362
Mansalary	6 864	13.094	1 774	13.238	−0.143***	−5.036

注：***，** 和 * 分别表示 1%，5% 和 10% 的显著性；NO 为未派驻董事，YES 为派驻了董事。

5.4.2 基准回归结果

我们采用式(5.1)所示的模型来检验非国有股东治理对企业创新的影响，实证结果如表 5.3 所示。在表 5.3 的第(1)列和第(2)列中，被解释变量均为专利数量(T_number)，解释变量分别为非国有股东在董事会的席位比(Ratio_1)和非国有股东在董监高的席位比(Ratio_2)。在这两列回归结果中，非国有股东在董事会的席位比(Ratio_1)和非国有股东在董监高的席位比(Ratio_2)的回归系数均在 1% 的显著性水平上为正，表明在控制其他变量的情况下，非国有股东参与国有企业治理发挥了更多的监督制衡效应，改善了所有者缺位带来的委托代理问题，有利于管理者做出有利于企业长期发展的创新研发决策，在一定程度上促进了企业的创新水平。基准回归结果验证了前文的假设 H1(a)。

表5.3 基准回归结果

变量	(1) T_number$_{t+1}$	(2) T_number$_{t+1}$
Ratio_1	0.362***	
	(2.583)	
Ratio_2		0.245***
		(3.271)
Nonstate	0.058*	0.061*
	(1.905)	(2.100)
Size	0.421***	0.0467***
	(7.259)	(6.245)
Leverage	−0.015***	−0.015***
	(−5.324)	(−5.771)
Tobin_Q	0.014	0.015
	(0.977)	(1.038)
Cash	−0.024***	−0.024***
	(−3.319)	(−3.324)
Tangibility	0.005	0.005
	(0.775)	(0.704)
Age	−0.368***	−0.374***
	(−3.330)	(−3.357)
Roa	0.070***	0.070***
	(3.740)	(3.735)
Top1	−0.982**	−0.986**
	(−2.310)	(−2.317)
Manratio	0.001	0.001
	(0.431)	(0.393)
Mansalary	0.492	0.486
	(1.685)	(1.679)
_cons	−3.808***	−3.299***
	(−13.562)	(−13.542)
Year	控制	控制
Industry	控制	控制
N	8 638	8 638
Adj_R2	0.273	0.217

注：***，**，*分别表示在1%，5%和10%的水平上显著；括号内为t值；标准误经过公司层面Cluster调整。下表同。

5.4.3 行业准入门槛对非国有股东治理与企业创新关系的影响

前文中假设政府对国有经济比重较大的产业设置了较强的行政进入壁垒。表5.4中第(1)列和第(3)列是较高(中位数上50%)行业准入门槛的子样本中非国有股东治理对企业创新的影响,第(2)列和第(4)列是较低(中位数下50%)行业准入门槛的子样本中非国有股东治理对企业创新的影响。结果显示,非国有股东治理(Ratio_1和Ratio_2)在行业准入门槛较低的子样本,即第(2)列和第(4)列中,系数分别在5%和1%的显著性水平上为正;在行业准入门槛较高的子样本,即第(1)列和第(3)列中,系数分别在10%和1%的显著性水平上显著为负。这一结果验证了假设H2,证明了非国有股东治理在行业准入门槛较低的行业的国有企业中治理及监督制衡效果比较显著,而在行业准入门槛较高的行业的国企中并不显著。这意味着引入非国有股东参与董事会治理需要从行业准入门槛较低的行业入手,逐步提高国有企业整体的治理水平和创新能力。

表5.4 行业准入门槛对非国有股东治理与企业创新关系的影响

变量	(1) T_number_高	(2) T_number_低	(3) T_number_高	(4) T_number_低
Ratio_1	−0.106*	0.180**		
	(−1.980)	(2.184)		
Ratio_2			−0.266***	0.852***
			(−2.613)	(3.060)
Size	0.285**	0.432*	0.199	0.163*
	(2.392)	(1.946)	(0.260)	(1.932)
Leverage	−0.038***	−0.010***	0.023***	−0.087***
	(−5.669)	(−5.363)	(−5.179)	(−5.651)
Tobin_Q	−0.066	−0.033	−0.011	−0.048**
	(−0.636)	(−1.140)	(−1.174)	(−2.138)
Cash	−0.019**	−0.013**	−0.010	−0.019
	(−2.253)	(−2.382)	(−0.853)	(−0.746)
Tangibility	−0.090	−0.094	−0.095	−0.093
	(−1.331)	(−0.946)	(−0.703)	(−0.556)

续 表

变量	(1) T_number_高	(2) T_number_低	(3) T_number_高	(4) T_number_低
Age	−0.107**	−0.126**	−0.146***	−0.104***
	(−2.213)	(−2.037)	(−2.585)	(−2.523)
Roa	0.063	0.069	0.062	0.068
	(0.103)	(0.546)	(0.459)	(0.640)
Top1	−0.107	−1.552*	−0.150	−1.016**
	(−0.224)	(−1.666)	(−0.538)	(−2.161)
Manratio	−0.002	−0.003*	−0.002	−0.002
	(1.157)	(−1.921)	(−0.736)	(−0.725)
Mansalary	0.769***	0.723***	0.741**	0.730***
	(2.828)	(2.622)	(2.153)	(2.571)
Nonstate	0.047*	0.052***	0.044**	0.048***
	(2.001)	(2.394)	(2.072)	(2.394)
_cons	−6.410***	−8.336*	−8.191	−2.197
	(−3.154)	(−1.938)	(−0.666)	(−1.448)
Year	控制	控制	控制	控制
Industry	控制	控制	控制	控制
N	8 638	8 638	8 638	8 638
Adj_R2	0.291	0.266	0.250	0.252

5.4.4 经济政策不确定性对非国有股东治理与企业创新关系的影响

表5.5在表5.4的模型的基础上添加了政策不确定性变量(Tpu),以论证政策不确定性对非国有股东治理与企业创新关系的影响。结果显示,交叉项(Tpu·Ratio1 和 Tpu·Ratio2)的系数分别为 −0.121 和 −0.097,且分别在 5% 和 1% 的显著性水平上为负,说明政策不确定性确实不利于非国有股东治理对企业创新的促进作用,在一定程度上使管理层更加关注短期利润而放弃了具有较长周期和一定风险的创新项目。这一结论验证了前文的假设 H3。

表 5.5 经济政策不确定性对非国有股东治理与企业创新关系的影响

变量	(1) T_number	(2) T_number
Ratio_1	0.266**	
	(2.278)	
Tpu・Ratio1	−0.121**	
	(−2.186)	
Ratio_2		0.601***
		(2.682)
Tpu・Ratio2		−0.097***
		(−3.059)
Tpu	−0.400***	−0.399***
	(−2.751)	(−2.749)
Size	0.103***	0.103***
	(3.288)	(3.274)
Leverage	−0.400***	−0.203***
	(−3.017)	(−3.009)
Tobin_Q	0.189	0.191
	(1.378)	(1.387)
Cash	−0.047***	−0.047***
	(−2.655)	(−2.667)
Tangibility	0.003	0.003
	(0.567)	(0.521)
Age	−0.390***	−0.386***
	(−5.291)	(−5.299)
Roa	0.056***	0.054***
	(4.702)	(4.688)
Top1	−1.073***	−1.096***
	(−2.599)	(−2.621)
Manratio	0.007	0.004
	(0.381)	(0.206)
Mansalary	0.005***	0.005***
	(5.744)	(5.734)

续表

变量	(1)	(2)
	T_number	
Nonstate	0.051**	0.054***
	(2.292)	(2.394)
_cons	−25.065***	−12.940***
	(−3.359)	(−3.331)
Year	控制	控制
Industry	控制	控制
N	8 638	8 638
Adj_R2	0.250	0.250

5.4.5 内生性问题

非国有股东治理与企业创新之间可能存在内生性问题。那些引入非国有股东参与治理的企业,也许本来创新水平就相对较高,因此很可能存在着样本自选择的问题。另外,某些不可观测的遗漏变量也许同时决定了公司的创新水平。因此,我们通过 PSM-DID 模型和 Heckman 两阶段模型解决内生性问题对本章结论的影响。

1. PSM-DID 模型

我们以非国有股东任职结构发生变更的公司样本为实验组,以非国有股东任职结构始终不变的公司样本为对照组。由于在非国有股东变化之前实验组和对照组之间的公司特征存在差异,而这些差异可能会导致样本产生选择性偏差,因此我们首先采用倾向得分匹配法(PSM)筛选出与实验组匹配的对照组样本,再利用双重差分(DID)模型进行实证检验。具体地,我们在非国有股东任职情况发生变更的前一年,通过最近邻匹配方法(1∶1)分年度为实验组匹配特征相似的对照组样本[1],匹配变量包含式(5.1)所示模型中的全部控制变量。在匹配完成后,利用式

---

[1] 做完平衡性检验,结果显示实验组和对照组在可观测的公司特征上已无显著差异。

(5.2)所示的模型进行双重差分检验：

$$Patent_{t+1} = \beta_0 + \beta_1 \cdot After_t \cdot Treat_t + \beta_2 \cdot After_t + \beta_3 \cdot Treat_t + \gamma Controls_t + \varepsilon_t \tag{5.2}$$

其中，$Patent_{t+1}$为企业创新水平，$After_t \cdot Treat_t$为$After_t$和$Treat_t$的交互项。$After_t$代表非国有股东任职情况变更年份前后的哑变量，对于变更之前的年份，$After_t$取值为0，对于变更之后的年份，$After_t$取值为1。$Treat_t$代表非国有股东任职情况是否发生变更的哑变量，对于非国有股东任职情况发生变更的样本，$Treat_t$取值为1，对于非国有股东任职情况始终未变的样本，$Treat_t$取值为0。根据不同类型，非国有股东任职情况变更分为从没有非国有股东变为有非国有股东（从不进入到进入）和从有非国有股东变为没有非国有股东（从进入到不进入）。对于"从不进入到进入"：从没有非国有股东变为有非国有股东进入的样本为实验组（$Treat_t=1$），始终没有非国有股东进入的样本为对照组（$Treat_t=0$）。对于"从进入到不进入"：从有非国有股东变为没有非国有股东的样本为实验组（$Treat_t=1$），始终有非国有股东的样本为对照组（$Treat_t=0$）。Controls为相关控制变量，与式(5.1)所示的模型保持一致。特别地，β_1是本章关注的核心，它衡量了非国有股东变更情况对企业创新的净效应。当非国有股东委派董事情况由未进入变更为进入时，若β_1显著为正，则表明非国有股东委派董事参与治理导致企业创新增加，反之亦然；当非国有股东委派董事情况由进入变更为未进入（退出）时，若β_1显著为负，则表明非国有股东退出治理导致企业创新减少，反之亦然。我们参考已有研究的方法，要求非国有股东变更年份前后至少各有2年的观测时间。此外，对于部分上市公司非国有股东变更较为频繁的情况，我们仅将第一次股权变更事件纳入研究样本，以减少噪音带来的影响。PSM-DID模型的检验结果见表5.6。

从表5.6的第(1)列可知，当非国有股东委派董事情况从不进入变为进入时，非国有股东变更（$After_t \cdot Treat_t$）对企业创新的净效应为0.807，并且在5%的水平上显著，表明非国有股东进入董事会之后，企业创新将会显著增加。从第(2)列可知，当非国有股东委派董事情况从进入变为不进入（退出）时，非国有股东变更（$After_t \cdot Treat_t$）对企业创新的净效应为0.242，并且在10%的水平上显著，表明非国有股东退出董事会之后，企业创新将会显著减少。综合来看，PSM-DID模型的检验结果强化了本章的研究结论，即非国有股东委派的董事或董监高会发挥监督作用,提高企业的创新水平。

表 5.6 PSM-DID 模型的检验结果

变量	(1)	(2)
	T_number_{t+1}	
	不进入到进入	进入到不进入
After·Treat(Ratio_1)	0.807**	−0.242*
	(2.072)	(−1.805)
After	0.443*	−0.316
	(1.898)	(−0.128)
Treat	0.261	0.153
	(1.329)	(0.411)
Size	0.499*	1.965***
	(1.981)	(2.784)
Leverage	−0.295***	−1.294***
	(−3.355)	(−2.917)
Tobin_Q	0.496	0.806
	(0.122)	(0.794)
Cash	−0.463***	−1.373
	(−4.974)	(−1.087)
Tangibility	−0.057	0.114**
	(−0.629)	(2.534)
Age	−2.228***	−2.962***
	(−3.032)	(−2.705)
Roa	0.203**	0.454
	(2.003)	(1.192)
Top1	−0.968	−0.668
	(−1.238)	(−1.508)
Manratio	0.263	0.826
	(1.423)	(0.961)
Mansalary	0.180	0.043
	(0.749)	(0.010)
Nonstate	0.072	0.017
	(0.953)	(1.204)

续 表

变量	(1)	(2)
	T_number_{t+1}	
	不进入到进入	进入到不进入
_cons	−12.341	−5.448***
	(−1.500)	(−2.873)
Year	控制	控制
Industry	控制	控制
N	1 263	1 008
Adj_R2	0.175	0.146

2. Heckman 两阶段模型

为了缓解非国有股东治理和企业创新之间自选择问题的影响,我们借鉴已有文献的方法,以上年度该公司所在行业非国有股东参与治理的公司占比(IV_ind_t)为非国有股东治理(Ratio_1、Ratio_2)的工具变量进行两阶段回归。这是因为,单个企业的非国有股东治理情况通常与所处行业(从事相似生产经营活动的企业集合)上年度的平均非国有股东参与状况相关,但企业自身创新水平的变化不可能影响整个行业历史的、平均的非国有股东治理状况。Heckman 两阶段模型的实证结果如表 5.7 所示。

从表 5.7 可知,在第(1)列中,工具变量(IV_ind_t)的回归系数为 0.383,并且在 1% 的水平上与内生解释变量(Ratio_1)显著正相关,因而不存在"弱工具变量"问题。Lambda(逆米尔斯比率)的回归系数不显著,表明不存在显著的自选择效应。第(2)列将第(1)列中的核心解释变量变为非国有股东在董监高的席位比(Ratio_2),其余不变。更为重要的是,与式(5.1)所示的模型相比,非国有股东在董事会的席位比(Ratio_1)的系数从 0.362 增加到 0.644,并且在 5% 的水平上显著;非国有股东在董监高的席位比(Ratio_2)的系数从 0.245 增加到 0.471,并且在 10% 的水平上显著;这表明在不考虑内生性问题的情况下,式(5.1)所示的模型的检验结果在一定程度上低估了非国有股东治理对企业创新的促进作用,从而进一步强化了本章的研究结论。综上,在控制各种内生性问题之后,非国有股东治理与企业创新之间保持稳定的正向关系,本章的研究结论具有较高的可信性。

表 5.7 Heckman 两阶段模型的实证结果

变量	(1)	(2)
	T_number_{t+1}	
Ratio_1	0.644**	
	(2.229)	
Ratio_2		0.471*
		(1.950)
Size	0.716***	0.718***
	(3.242)	(3.257)
Leverage	−0.328*	−0.332**
	(−1.940)	(−2.160)
Tobin_Q	9.520***	9.538***
	(4.409)	(4.416)
Cash	−0.250***	−0.253***
	(−2.683)	(−2.732)
Tangibility	0.001	0.001
	(0.332)	(0.317)
Age	−0.106*	−0.105*
	(−1.865)	(−1.851)
Roa	0.013*	0.013**
	(1.782)	(−2.331)
Top1	−0.285*	−0.299
	(−1.899)	(−1.153)
Manratio	0.038	0.033
	(0.650)	(0.608)
Mansalary	0.828***	0.824***
	(4.408)	(4.402)
Nonstate	0.035	0.029
	(0.377)	(0.491)
_cons	−15.633***	−15.673***
	(−10.616)	(−10.565)

续 表

变量	(1)	(2)
	T_number$_{t+1}$	
select:		
IV_Ind$_t$	0.383***	0.379***
	(3.439)	(3.398)
_cons	−0.104***	−0.104***
	(−3.799)	(−3.776)
mills:		
Lambda	−2.682	−2.668
	(−1.069)	(−1.043)
Year	控制	控制
Industry	控制	控制
N	8 638	8 638
Adj_R2	0.207	0.205

5.4.6 稳健性检验

为使研究结论更加稳健,我们通过改变创新的度量指标、非国有股东治理的度量方式和创新的度量时点来进行稳健性检验。

第一,改变创新的度量指标。表 5.8 中将基准回归中的被解释变量由申请并通过的专利产出数量(T_number)变为专利被引用数(T_citednum)。结果显示,非国有股东在董事会的席位比(Ratio_1)和非国有股东在董监高的席位比(Ratio_2)的系数分别为 0.327 和 0.338,并且分别在 5% 和 10% 的显著性水平上显著。这说明基准回归结果对创新的度量指标具有稳健性。

表 5.8 更换被解释变量后的稳健性检验结果 1

变量	(1)	(2)
	T_citednum	
Ratio_1	0.327**	
	(2.124)	

续 表

变量	(1)	(2)
	T_citednum	
Ratio_2		0.338*
		(1.913)
Size	0.905*	0.916*
	(1.854)	(1.860)
Leverage	−0.257***	−0.285***
	(−3.256)	(−3.286)
Tobin_Q	0.023**	0.023**
	(2.016)	(2.016)
Cash	−0.161	−0.161
	(−1.620)	(−1.616)
Tangibility	0.002	0.002
	(0.917)	(0.959)
Age	−0.814***	−0.820***
	(−4.820)	(−4.823)
Roa	0.037***	0.038***
	(3.664)	(3.670)
Top1	−0.006**	−0.006**
	(−2.183)	(−2.173)
Manratio	0.004	0.004
	(1.295)	(1.272)
Mansalary	0.294***	0.292***
	(7.606)	(7.604)
Nonstate	0.053	0.048
	(0.741)	(0.298)
_cons	−20.506	−21.299
	(−1.474)	(−1.491)
Year	控制	控制
Industry	控制	控制
N	8 638	8 638
Adj_R2	0.271	0.270

第二,改变非国有股东治理的度量方式。表 5.9 中将基准回归中的解释变量由非国有股东在董事会的席位比(Ratio_1)和非国有股东在董监高的席位比(Ratio_2)变为二元变量"非国有股东是否参与公司治理(Bygroup)"。若非国有股东参与公司治理,则 Bygroup 取 1,否则取 0。第(1)列和第(2)列对应的被解释变量分别为申请并获得通过的专利产出数量(T_number)和专利被引用数(T_citednum)。结果显示,两列回归结果中非国有股东是否参与公司治理(Bygroup)的系数分别为 0.102 和 0.073,并且分别在 10% 和 5% 的显著性水平上显著。这说明基准回归结果对非国有股东治理的度量方式具有稳健性。

表 5.9 更换解释变量后的稳健性检验结果 2

变量	(1) T_number	(2) T_citednum
Bygroup	0.102*	0.073**
	(1.811)	(2.158)
Size	0.346***	0.919*
	(2.757)	(1.858)
Leverage	−0.183***	−0.546***
	(−4.168)	(−5.070)
Tobin_Q	0.010	0.024**
	(0.731)	(1.965)
Cash	−0.065***	−0.015*
	(−2.690)	(−1.840)
Tangibility	0.019*	0.027*
	(1.835)	(1.964)
Age	−0.374***	−0.692***
	(−2.399)	(−2.710)
Roa	0.361***	0.236***
	(2.779)	(2.840)
Top1	−0.715	−0.575**
	(−1.410)	(−2.073)
Manratio	0.002*	0.003
	(1.853)	(1.194)

续表

变量	(1) T_number	(2) T_citednum
Mansalary	0.859***	0.775***
	(5.388)	(5.290)
Nonstate	0.029	0.031
	(1.028)	(0.857)
Year	控制	控制
Industry	控制	控制
N	8 638	8 638
Adj_R2	0.207	0.207

第三，改变创新的度量时点。创新活动是企业的一项长期投资，从创新投入到未来的创新产出通常需要较长的周期。我们进一步验证上述研究结论是否会因创新的度量时点而变，于是将度量未来创新产出的时点重新设定为第 $t+2$ 年、$t+3$ 年。从检验结果来看，非国有股东治理变量（Ratio_1 和 Ratio_2）的回归系数在1％的水平和5％的水平上以及10％和5％的水平上显著。因此，本章的研究结论在不同的度量时点保持稳健①。

5.5 机制分析

5.5.1 改善第二类代理问题

"一股独大"是中国特有的代理问题，大股东与小股东之间的冲突常被称为"第二类代理问题"。其他大股东力量越强，股东间的制衡度越高，越有利于对控股股东进行有效监督和约束，在国有企业场景中，常体现为对国资代理人和管理层机会主义行为的约束，由此表现为企业的关联交易数目有所减少，治理水平得到提高，

---

① 此处不再赘述，如有需要请与作者联系。

有助于做出有效率的创新决策。

现有文献表明,关联交易是中国大股东最广泛使用的寻租方式之一(Bennedsen et al.,2000)。我们将关联交易作为中国国有企业控股股东和少数股东之间潜在利益冲突的代理变量。通过关联交易,公司价值可以在上市公司和控股股东之间转移。我们定义 RelatedTrans 为与关联交易的金额,并从 CSMAR 数据库获取有关关联交易的信息。通过考察非国有股东参与公司治理前公司的平均关联转移数量是否高于或低于样本中位数,我们将样本分为高、低两组,见表 5.10,其中第(1)列和第(3)列是平均关联转移数量低于样本中位数的样本,第(2)列和第(4)列是平均关联转移数量高于样本中位数的样本,因变量分别为专利数量(T_number)和被引用率(T_citednum),自变量仍为非国有股东在董事会的席位比(Ratio_1)。实证结果表明,在非国有股东参与治理之前,相对于那些关联交易数目本来较少的国企,关联交易数目较多的国企在引入非国有股东参与治理后,专利数量和质量均有更为明显的提高(0.237 和 0.148)。因此,非国有股东参与治理有效缓解了第二类代理问题,有助于国有企业控股股东和少数股东之间的利益一致性,提高了企业的创新水平。

表 5.10 机制检验回归:减少关联交易

变量	(1) T_number_低	(2) T_number_高	(3) T_citednum_低	(4) T_citednum_高
Ratio_1	0.157	0.237*	0.236	0.148***
	(0.881)	(1.862)	(1.277)	(3.288)
Size	0.465***	0.787***	0.599 4***	0.341**
	(4.046)	(2.899)	(2.473)	(2.360)
Leverage	−0.164	−0.119*	−0.128	−0.408
	(−0.217)	(−1.699)	(−0.533)	(−1.440)
Cash	−0.001	−0.001**	−0.001	−0.001***
	(−1.363)	(−2.196)	(−0.277)	(−5.514)
Age	−0.651	−0.241***	−0.279*	−0.523**
	(−1.394)	(−3.546)	(1.889)	(−2.334)
Tangibility	−0.014	0.038	−0.035	0.021
	(−1.409)	(0.539)	(−0.117)	(0.816)

续 表

变量	(1) T_number_低	(2) T_number_高	(3) T_citednum_低	(4) T_citednum_高
Roa	−0.852	−0.262**	0.373	−0.109**
	(−0.873)	(−2.258)	(0.699)	(−2.115)
Year	控制	控制	控制	控制
Industry	控制	控制	控制	控制
_cons	−11.919***	−14.791***	−22.592*	−16.175**
	(−4.067)	(−2.830)	(−1.899)	(−2.307)
N	4 319	4 319	4 319	4 319
Adj_R2	0.068	0.023	0.047	0.014

注：***，**，*分别表示在1%、5%和10%的水平上显著；括号内为 t 值；标准误经过公司层面 Cluster 调整。下表同。

5.5.2 提高创新失败容忍度

如果非国有股东确实存在监督制衡作用并改善了代理问题，那么控股股东保守和短视的行为会有所改善，对创新失败的容忍度将显著提高。因此，我们检验了非国有股东与创新失败容忍度的关系。我们以经理人的强制变更-业绩敏感性衡量控股股东对创新失败的容忍度，敏感性越强意味着对创新失败的容忍度越低。这是因为，如果经理人因公司业绩短期内的下滑而被解雇，则表明控股股东不能容忍创新投资早期的失败，表现为经理人强制变更-业绩敏感性较高，即对创新失败的容忍度较低。

进一步地，我们参照已有做法（朱冰 等，2018），将"解聘""辞职""个人原因"等离职类型划分为经理人强制变更；将"退休""任期届满""控股权变动""健康原因""完善公司法人治理结构""涉案""结束代理"等离职类型划分为经理人非强制变更。若公司第 t 年发生了经理人强制变更，CEO_turn 赋值为1，否则为0。此外，为了更为准确地反映经理人强制变更与短期内经营业绩变化的关系，我们计算了第 $t-1$ 年到第 t 年资产报酬率（经行业调整）和年度个股回报率（经行业调整）的变动值，分别以 Roa 和 Stock_return 表示。实证结果如表5.11所示。

表 5.11 采用 Logit 模型,第(1)列中因变量为经理人强制变更(CEO_turn),核心变量为非国有股东在董事会的席位比(Ratio_1)与资产报酬率变动值(Roa)的交互项(Roa·Ratio_1)。第(2)列用年度个股回报率变动值(Stock_return)代替资产报酬率(Roa),其他与第(1)列相同。从回归结果来看,非国有股东在董事会的席位比与资产报酬率变动值的交互项(Roa·Ratio_1)的回归系数为 0.267,在 10% 的水平上显著;非国有股东与年度个股回报率变动值的交互项(Stock_return·Ratio_1)的回归系数为 0.236,在 1% 的水平上显著。检验结果表明,无论采用会计收益率还是市场收益率来衡量经营业绩,当引入非国有股东参与公司治理后,经理人强制变更与短期内经营业绩下滑的敏感性均显著提高,即国企管理层对创新失败的容忍度提高,说明非国有股东的参与改善了国企的治理水平,有利于企业的创新产出。

表 5.11 机制检验回归:提高创新失败容忍度

变量	(1)	(2)
	CEO_turn	
Ratio_1	−0.295**	−0.360*
	(2.146)	(1.849)
Roa·Ratio_1	0.267*	
	(1.913)	
Roa	−0.1624	
	(0.913)	
Stock_return·Ratio_1		0.236***
		(2.637)
Stock_return		−0.049
		(−0.529)
Size	0.071	0.058
	(0.148)	(0.098)
Leverage	−0.034	−0.037
	(−0.161)	(−0.177)
Tobin_Q	−0.009	−0.007
	(−0.353)	(−0.273)
Cash	−0.005	−0.005
	(−0.920)	(−1.057)

续表

变量	(1)	(2)
	CEO_turn	
Tangibility	−0.559	−0.527
	(−0.952)	(−0.898)
Age	−0.087	−0.082
	(−0.948)	(−0.899)
Top1	0.001***	0.001***
	(2.454)	(2.610)
Manratio	−0.484	−0.433
	(−0.269)	(−0.240)
Mansalary	−0.231***	−0.233***
	(−4.370)	(−4.362)
Nonstate	0.439	0.278
	(1.297)	(1.095)
_cons	1.616	1.421
	(1.342)	(1.182)
Year	控制	控制
Industry	控制	控制
N	8 638	8 638
Adj_R2	0.024	0.023

5.5.3 收缩跨行业并购,增加创新投入

由于所有者缺位和委托代理等问题,国有企业管理者经常出于个人业绩和仕途等方面的考量,进行与企业主营业务关联性较弱的多元化跨行业并购及投资行为。已有研究证明,地方官员在竞争的过程中,经常以企业并购和规模为考核依据,已有研究同时获得了官员升迁和国有企业并购正相关的经验证据(陈仕华 等,2015)。这在实践中甚至表现为官员为了升迁而对国有企业疯狂并购、过度投资等行为。这些行为很可能在短期内做大了企业规模,却不利于企业长期价值的提高,甚至会使企业失去核心竞争力,靠垄断和政府"输血"维持经营。因此,我们通过观察研究国有企业在引入非国有股东以后,是否发挥了其监督制衡效应,以及对国有

企业经理人的过度投资、损害企业价值的行为是否有所遏制。表 5.12 是非国有股东对企业跨行业并购的回归结果,第(1)列和第(2)列的因变量均为企业专利数量,核心变量为企业跨行业并购(Ma)与非国有股东治理变量(Ratio_1、Ratio_2)的交互项 Ma_Ratio_1 和 Ma_Ratio_2。可以看出,跨行业并购(Ma)的系数显著为负,且在 1‰ 的显著性水平上显著,说明跨行业的非关联性并购业务并不利于企业创新,而交互项 Ma_Ratio1 和 Ma_Ratio2 的系数显著为正,且均在 1‰ 的显著性水平上显著,这意味着非国有股东的参与使得企业跨行业并购行为得到了一定程度的遏制,收缩了非关联性跨行业并购业务。这表明非国有股东参与公司治理发挥了监督作用,抑制了企业过度的并购投资,有助于企业做出提高长期价值的创新决策。

表 5.12 机制检验回归:减少多元化扩张与过度投资

变量	(1)	(2)
	T_number	
Ratio_1	0.4288*	
	(1.980)	
Ma_Ratio_1	0.287**	
	(2.068)	
Ma	−1.430***	−1.509***
	(−3.363)	(−3.013)
Ratio_2		0.258**
		(2.119)
Ma_Ratio_2		0.351***
		(2.368)
Leverage	−0.180***	−0.265***
	(−4.075)	(−4.093)
Tobin_Q	−0.024	−0.023
	(−1.571)	(−1.002)
Cash	−0.005***	−0.006**
	(−2.740)	(−2.095)
Tangibility	0.029	0.036
	(0.442)	(0.471)
Age	−0.332***	−0.355***
	(−3.315)	(−3.112)

续表

变量	(1)	(2)
	T_number	
Roa	0.063	0.054
	(0.796)	(0.541)
Top1	−1.122*	−1.216
	(−1.672)	(−1.345)
Manratio	0.045	0.043
	(0.322)	(0.204)
Mansalary	0.505***	0.248***
	(5.767)	(5.386)
Nonstate	0.051	−0.056
	(1.258)	(1.111)
Year	控制	控制
Industry	控制	控制
_cons	−8.812***	−10.445***
	(−3.368)	(−2.890)
N	3 624	3 113
Adj_R2	0.053	0.058

5.5.4　增加企业与企业、科研机构和高校的协同研发投入

企业长期价值的提升需要持续的创新研发投入,这意味着与高校和研究机构的协同创新对企业长期发展具有的深远意义。已有研究表明,随着技术结构的日趋复杂,技术创新需要更多的知识储备,也面临着更高的风险,因此企业寻求协同研发便成为规避风险和加大创新产出的理性选择。很多企业已经开始选择企业间协作创新以及企业与高校、科研机构进行协同研发的模式(周开国 等,2017;刘军 等,2017)。因此,我们研究了非国有股东参与治理对国有企业协同创新的影响。

我们将被解释变量分为"企业与企业联合申请专利(CC)""企业与科研机构联合申请专利(CR)"以及"企业与高校联合申请专利(CU)",通过爬虫技术在"佰腾网"上爬取所需要的专利数据,筛选出专利的申请人是否具备"企业+企业""企业

＋高校"或者"企业＋事业单位"的条件之一。如果存在其中任何一种情形,则将被解释变量(虚拟变量)标为1,表明它是"联合创新"得到的,反之则标为0;核心解释变量是非国有股东在董事会的席位比(Ratio_1)。实证结果如表5.13所示,第(1)列至第(3)列的回归结果中Ratio_1的系数分别为0.772,0.537和0.264,且分别在1%,10%,10%的显著性水平上显著为正,表明非国有股东的加入促进了企业与企业、企业与高校以及企业与科研机构的协同创新,增加了创新产出并有助于企业长期价值的提升。

表5.13 机制检验回归:增加与企业、高校和科研机构的基础性创新

变量	(1) 企业＋企业联合创新	(2) 企业＋科研机构联合创新	(3) 企业＋高校联合创新
Ratio_1	0.772***	0.537*	0.264*
	(4.383)	(1.765)	(1.837)
Size	0.131***	0.128***	0.139**
	(2.980)	(2.886)	(2.339)
Leverage	−0.275***	−0.155***	−0.162***
	(−5.690)	(−4.438)	(−4.871)
Tobin_Q	0.074	0.061	0.004
	(0.859)	(0.612)	(0.107)
Cash	−0.036***	−0.045***	−0.009
	(−2.933)	(−2.762)	(−0.212)
Tangibility	0.243	0.391	0.139
	(0.191)	(0.417)	(0.190)
Age	−0.292***	−0.292***	−0.294***
	(−6.047)	(−6.324)	(−6.002)
Roa	0.035**	0.015	0.020***
	(2.499)	(1.291)	(2.898)
Top1	−0.022**	−0.015**	−0.008
	(−2.460)	(−2.158)	(−1.257)
Manratio	0.809	0.411	1.395
	(0.313)	(0.257)	(0.895)
Mansalary	0.055***	0.022***	0.029***
	(6.794)	(5.392)	(6.366)

续表

变量	(1) 企业＋企业联合创新	(2) 企业＋科研机构联合创新	(3) 企业＋高校联合创新
Nonstate	0.051	−0.056	0.058
	(1.258)	(1.111)	(1.132)
Year	控制	控制	控制
Industry	控制	控制	控制
_cons	0.954	4.545	3.320
	(0.218)	(1.259)	(1.341)
N	3 624	3 624	3 624
Adj_R2	0.219	0.112	0.116

5.6 本章结论及政策建议

新一轮国企"混改"把引入民营股东参与治理作为改革重点,但鲜有研究关注民营股东参与决策和治理的短期动机及长期效果。本章手工搜集并整理了A股上市公司2008—2017年非国有股东委派董事数据的样本,实证研究了非国有股东参与董事会治理对国有企业创新的影响及作用机制。主要研究结论如下。第一,在控制了国有股权的前提下,非国有股东参与国有企业公司治理促进了创新,且这一结论在一系列稳健性检验后依然显著。同时,我们分别采用PSM-DID模型和Heckman两阶段模型来缓解股权结构和创新行为之间可能存在的内生性问题。研究结果显示,以上研究结论仍然成立。第二,当企业所处的行业行政准入门槛较低,以及面临的经济政策不确定性较低时,非国有股东的治理效应对企业创新的促进作用更强。第三,进一步的机制检验表明,非国有股东参与董事会治理后,主要通过缓解大股东和小股东之间的代理冲突问题,提高管理层对创新失败的容忍度,增加企业与企业、科研机构和高校的研发投入并缩减跨行业的非关联性多元化并购业务等途径,增强了企业的创新能力与治理水平。以上机制使企业在短期内放弃了部分可获得超额利润的业务,但在长期内增加了企业价值和核心竞争力。

针对以上结论,本章提出如下政策建议。首先,国企改革应在肯定股权结构层面"混改"的基础上,充分认识到治理层"混改"的重要性。寻找有明确盈利动机的非国有股东参与董事会治理,发挥监督与制衡作用,改善所有者缺位的代理问题,提高国有企业的治理效率。其次,"混改"应特别注意在不同性质的行业推进的顺序,优先考虑竞争程度较高、行政进入壁垒较低的行业。对于具有较高行政进入壁垒的垄断性行业,应先倡导放开管制、打破行政进入壁垒,营造公平的竞争环境,再考虑股权改革和治理改革。再次,不同行业领域应以不同效率推进非国有股东参与董事会这种治理模式,精准施策、因企制宜。设定国有股权逐步退出的时间表在改革实践中具有较强的可操作性,只有明确设定这类目标和路径,才可能让引入的民营投资者对改革有稳定预期,也会有助于改善企业经营管理,提高创新研发投入,避免私人资本的短期行为。最后,政府应尽量保持政策稳定性,避免"朝令夕改"的不确定性,为民营股东构建合理预期,有助于其做出促进企业长期价值增长的、更有效率的创新决策。

本章参考文献

蔡贵龙,柳建华,马新啸,2018. 非国有股东治理与国企高管薪酬激励[J]. 管理世界,34(5):137-149.

陈林,朱卫平,2011. 创新、市场结构与行政进入壁垒——基于中国工业企业数据的熊彼特假说实证检验[J]. 经济学(季刊),10(2):653-674.

陈仕华,卢昌崇,姜广省,等,2015. 国企高管政治晋升对企业并购行为的影响——基于企业成长压力理论的 实证研究[J]. 管理世界,(9):125-136.

国家统计局课题组,2001. 对国有经济控制力的量化分析[J]. 统计研究,(1):3-10.

郝阳,龚六堂,2017. 国有、民营混合参股与公司绩效改进[J]. 经济研究,(3):124-137.

鞠晓生,卢荻,虞义华,2013. 融资约束、营运资本管理与企业创新可持续性[J]. 经济研究,48(1):4-16.

刘军,王佳玮,程中华,2017. 产业聚集对协同创新效率影响的实证分析[J]. 中国软科学,(6):89-98.

刘小玄,张蕊,2014. 可竞争市场上的进入壁垒——非经济垄断的理论和实证分析[J]. 中国工业经济,(4):71-83.

刘运国,郑巧,蔡贵龙,2016. 非国有股东提高了国有企业的内部控制质量吗？——来自国有上市公司的经验证据[J]. 会计研究,(11):61-68.

罗正英,李益娟,常昀,2014. 民营企业的股权结构对R&D投资行为的传导效应研究[J]. 中国软科学,(3):167-176.

钱爱民,张晨宇,2016. 政策不确定性、会计信息质量与银行信贷合约——基于民营企业的经验证据[J]. 中国软科学,(11):121-136.

眭纪刚,刘影,2018. 创新发展中的竞争与垄断[J]. 中国软科学,(9):54-63.

唐跃军,左晶晶,2014. 所有权性质,大股东治理与公司创新[J]. 金融研究,000(6):177-192.

涂国前,刘峰,2010. 制衡股东性质与制衡效果——来自中国民营化上市公司的经验证据[J]. 管理世界,000(11):132-142.

王勇,2017. "垂直结构"下的国有企业改革[J]. 国际经济评论,(5):9-28,4.

杨道广,陈汉文,刘启亮,2017. 媒体压力与企业创新[J]. 经济研究,52(8):125-139.

周开国,卢允之,杨海生,2017. 融资约束、创新能力与企业协同创新[J]. 经济研究,52(7):94-108.

周敏慧,陶然,2018. 中国国有企业改革:经验、困境与出路[J]. 经济理论与经济管理,(1):87-97.

朱冰,张晓亮,郑晓佳,2018. 多个大股东与企业创新[J]. 管理世界,34(7):151-165.

ALESINA A, RODRIK D, 1994. Distributive Politics and Economic Growth[J]. The Quarterly Journal of Economics, 109(2):465-490.

BAKER S R, BLOOM N, DAVIS S J, 2015. Measuring Economic Policy Uncertainty[J]. Chicago Booth Research Paper, 13(2): 275-323.

BHATTACHARYA R, 2014. Trade and Domestic Financial Market Reform

Under Political Uncertainty Implications for Investment, Savings, and the Real Exchange Rate[J]. IMF Working Papers, 00(175):129-130.

BLOOM N, 2009. The Impact of Uncertainty Shocks[J]. Econometrica, 77(3): 623-685.

Lee C Y. 2005, A New Perspective on Industry R&D and Market Structure[J]. Journal of Industrial Economics, 53(1):101-122.

CORNAGGIA, J, MAO Y, TIAN X, et al., 2015. Does Banking Competition Affect Innovation? [J]. Journal of Financial Economics, 115(1): 189-209.

GRAHAM J R, HARVEY C R, RAJGOPAL S, 2005. The Economic Implications of Corporate Financial Reporting[J]. Journal of Accounting & Economics, 40(1/3):3-73.

GUPTA N, 2005. Partial privatization and firm performance [J]. Journal of Finance 60: 987-1015.

JIE (JACK) H, XUAN T, 2016. The dark side of analyst coverage: The case of innovation[J]. Journal of Financial Economics, 109(3): 856-878.

JONES B F, OLKEN B F, 2005. Do Leaders Matter? National Leadership and Growth Since World War II[J]. Quarterly Journal of Economics, 120(3): 835-864.

HUSEYIN G, MIHAI I, 2016. Policy Uncertainty and Corporate Investment [J]. The Review of Financial Studies, 29(3): 523-564.

LIAO L, LIU B, WANG H, 2014. China's secondary privatization: Perspectives from the split-share structure reform[J]. Journal of Financial Economics, 113 (2): 500-518.

MARCO P, AILSA R, 1998. The Choice of Stock Ownership Structure: Agency Costs, Monitoring, and the Decision to Go Public[J]. Quarterly Journal of Economics, (1):187-225.

MARCUS A A, 1981. Policy Uncertainty and Technological Innovation. [J]. Academy of Management Review, 6(3):443-448.

MORTEN B, DANIEL W, 2000. The balance of power in closely held corporations[J]. Journal of Financial Economics, 58(1): 113-139.

PETERSEN M A, 2009. Estimating Standard Errors in Finance Panel Data Sets: Comparing Approaches [J]. The Review of Financial Studies, 184(3): 392-415.

SHLEIFER A, VISHNY R, 1990. Equilibrium Short Horizons of Investors and Firms[J]. American Economic Review, Vol. 80, 148-153.

STEIN J C, 1988. Takeover Threats and Managerial Myopia[J]. Journal of Political Economy, 96(1): 61-80.

LAFFONT J J, TIROLE J, 1993. A Theory of Incentives in Procurement and Regulation[J]. MIT Press Books, 428(1): 53-128.

第6章　股价高估与企业创新：缓解融资约束还是加剧管理层短视

6.1 引　　言

提高资本市场服务实体经济的能力是当下实务界、学术界关注的重要话题。资本市场的主要功能是通过价格信号向微观主体传递信息,高效的定价机制可以帮助微观企业做出更好的投资、融资决策,优化资源配置进而促进经济增长(Chen et al.,2007;Bond et al.,2012)。创新是经济增长关键的驱动因素之一,是企业保持长期竞争优势的核心战略(Solow,1957;He et al.,2013)。党的十九大报告指出,中国经济正体现出从高速度增长向高质量发展的总特征,而高质量发展的源头是创新,考虑创新将在中国经济转型中发挥愈加重要的作用,研究资本市场的定价效率如何影响企业创新无疑具有重要的现实意义。

然而,中国资本市场的定价效率一直备受质疑,其中一个突出的特征便是股价容易高估。现实中 A 股市场投资者结构"散户化"现象依然严重[①],频繁的投机性交易使股价容易出现高估(Bailey et al.,2009)。一个明显的例子是同时在 A-B 股和 A-H 股上市的公司,其在 A 股的估值水平存在明显的溢价(Mei et al.,2009;

---

① 根据上海证券交易所 2018 年的年鉴显示,截至 2017 年年底,整个 A 股市场中,50 万元以下的投资者占总投资者的比重高达 85% 以上。

Chung et al.,2013),且该溢价与 A 股的投机性交易密切相关(宋军 等,2008)。而意在消除股价泡沫的融资融券制度因融资规模远远高于融券规模,不仅无法消除甚至还会助长股价泡沫①(褚剑 等,2016)。因此,在当下中国资本市场的环境中,识别股价高估对企业创新的影响及其作用机制,可在一定程度上为改善资本市场定价效率、更好地发挥资本市场服务实体功能并利用资本市场促进中国经济结构转型提供相应的理论支持与政策建议。

回顾已有文献,关于资本市场如何影响企业创新的探讨由来已久,现有研究主要从微观、中观和宏观层面展开。微观层面的研究探讨内部治理机制及微观主体如何影响管理层的创新决策,比如机构投资者(Aghion et al.,2013)、反收购条款(Chemmanur et al.,2018)、债务相关的破产法(Acharya et al.,2009)、股票流动性(Fang et al.,2014)、对冲基金的积极干预(Brav et al.,2018)、私募股权(Lerner et al.,2011)、企业自身的风投资本(Chemmanur et al.,2014)等均会通过影响管理层的激励机制从而影响企业创新。也有学者从中观层面及宏观市场角度对资本市场与创新的关系展开了一系列研究,比如产品市场竞争(Aghion et al.,2005)、政策不确定性(Bhattacharya et al.,2017)、金融约束(张杰 等,2015;张璇 等,2017)、金融市场发展(Hsu et al.,2014)、企业边界(Seru et al.,2014)、银行干预(Gu et al.,2017)。

但是,可能源于难以为股价高估找到合适的度量指标,目前探讨股价高估与企业创新关系的研究相对较少。相关研究在指标构建、模型设定方面存在一定缺陷,并且完全忽视了股价高估可能通过加剧管理层短视进而不利于企业创新这一机制(Dong et al.,2018),使得研究结论难以令人信服。具体而言,Dong et al.(2018)的研究存在以下三点不足。第一,股价高估指标的构建方面,使用分析师预测值拟合公司的内在价值,并将公司价值减去模型估算的内在价值作为股价高估的指标②。这种方法暗

---

① 股价高估的成因很多,例如投机性交易、卖空机制受限、信息披露不完善等。本书重在探讨股价高估的结果,股价高估的成因并不属于本书研究的内容。
② Dong et al.(2018)还使用基金赎回作为股价变动的外生冲击。但是,基金赎回只能说明相关公司的股价在基本面未发生变化的情况下受到短期向下的压力,并不必然意味着相关公司的股价在基金赎回前存在高估或者赎回后存在低估。张雪峰(2017)发现国内共同基金70%的份额为散户持有,且基金赎回更容易发生在股市由"牛"转"熊"时业绩排名相对靠后的基金中,这说明基金赎回通常是因为相关股票表现较差,而那些因表现好而未被赎回的基金其标的股票可能更为高估。

含了分析师的预测准确无误这一较强的前提假设。但是,中国分析师普遍存在乐观偏差并且乐观偏差在不同公司存在较大差异(许年行 等,2012),使得分析师预测指标无法作为衡量公司内在价值的基准。此外,股价高估的现象在无分析师跟踪的公司中可能更明显(Andrade et al.,2009)。使用这一方法衡量股价高估,实质上剔除了无分析师跟踪的公司样本。考虑这类公司在 A 股全部上市公司中约占 40%,使用上述方法容易导致样本选择偏误问题。第二,Dong et al.(2018)并未在回归模型中控制公司固定效应,而是仅仅控制了行业固定效应。如果部分创新能力较强的公司的股价更容易高估[1],并且行业固定效应无法完全控制行业内不同公司创新能力的差异,那么未控制公司固定效应会使回归结果产生向上的偏误。第三,就内在机制而言,Dong et al.(2018)并未提及任何股价高估可能不利于创新的机制,仅列举了多种股价高估可能有利于创新的机制(三种理性渠道和两种行为金融渠道),且并未提供任何直接的证据。Dong et al.(2018)提出股价高估最可能有利于创新的机制在于经理人想通过突破性的创新[2]吸引投资者眼球,但这一说法似乎与创新公认的高风险、长周期等特征互相矛盾(Manso,2011)。

由此可见,相关研究一方面需要找到衡量事前(ex-ante)股价高估的合理指标,另一方面需要对股价高估影响企业创新的机制做出更加全面、细致的分析。就股价高估的指标而言,除 Dong et al.(2018)使用的指标之外,目前常用的股价高估指标实际上是一个事后(ex-post)指标。事后指标方法利用模型估算出公司的内在价值,但估算公司内在价值的模型需利用整个样本期的股价和基本面信息(Rhodes et al.,2005;Fu et al.,2013;陆蓉 等,2017),考虑上述股价高估指标均存在一定的局限性,本章基于中国资本市场的特殊性,运用杨威等(2020)提出的锚定比率(RPR)这一新指标衡量股价高估水平。具体而言,锚定比率指的是年底最后一个交易日的股价与当年股价最高点的比值。锚定比率可以衡量股价高估的逻辑在于,股价高点意味着

---

[1] 控制公司固定效应也是目前创新领域实证文献的标准做法,这是因为不可观察的公司特征对创新的影响不容忽视,仅控制行业固定效应是不足够的。
[2] Dong et al.(2018)将此类创新定义为"moon shots",含义是"projects that are exceptionally innovative"。

泡沫①,且 A 股定价机制尤其是卖空机制的不完善使得股价出现泡沫时难以及时出清(褚健 等,2016),因此离股价高点越近可能意味着泡沫程度越大。

就影响机制而言,股价高估除了可以缓解融资约束进而促进创新,也可能加剧管理层的短视进而抑制企业创新。就促进效果而言,国内外研究均发现,股价高估时企业会利用市场错误定价进行股权融资、缓解融资约束(李君平 等,2015;Baker et al.,2003;Campello et al.,2013)。如果股价高估时企业做了更多的股权融资并且将资源投入到创新当中,那么股价高估便有可能促进企业创新。就抑制效果而言,国内外大量研究表明来自资本市场的各方压力会加剧管理层短视(Shleifer et al.,1990;He et al.,2013;杨道广 等,2017)。Manso(2011)的理论研究指出,对短期失败的容忍是激励创新的必要条件之一。但资本市场却常常给管理层带来过多的短视压力,这不利于企业创新和长期价值的积累。如果公司股价出现高估,维持股价的压力可能会加剧管理层短视,此时管理层可能宁愿牺牲有利于公司长期价值的创新项目,而更多地将资源投入其他更可能维持股价的短期资本项目支出(Polk et al.,2009)。

本章将上述两种股价高估影响企业创新的机制分别称为"缓解融资约束"假说和"加剧管理层短视"假说,以 A 股上市公司 2002—2016 年的数据样本对上述两种假说进行了验证,并以锚定比率衡量股价高估,研究了股价高估与企业创新之间的关系。

本章主要在以下几个方面丰富和拓展了相关研究。第一,利用锚定比率这一新的、事前的股价高估指标,系统性地对比了"加剧管理层短视"假说和"缓解融资约束"假说,并发现在中国的资本市场中股价高估扭曲了资源配置、不利于企业创新,为探索股价高估如何影响企业创新提供了来自中国资本市场的证据。尽管 Dong et al.(2018)基于美国的数据发现股价高估有利于创新,但正如前文所述,Dong et al.(2018)的研究设计存在一些缺陷,使得研究结论无法令人信服。因此,尽管本章并非研究一个全新的命题,但对股价高估与企业创新这一命题提出了新的解释和发现。第二,补充了管理层短视不利于企业创新的相关文献(He et al.,

---

① 基于中国资本市场信息相对不透明、散户持股比例较高以及炒作频繁等特点,股价更容易出现高估而非低估。因此,股价高点意味着股价泡沫是一个相对合理的假设,而股价低点则可能并不意味着股价低估。这也是本书只考虑股价高估而非股价低估对企业创新产出影响的原因。

2013;Fang et al.,2014;杨道广 等,2017),指出资本市场定价机制不完善导致的股价高估是管理层短视的动因之一。需要指出的是,本章提出的管理层短视在逻辑上与国外研究存在明显的区别。本章提出的锚定比率指标之所以可以衡量股价高估,恰恰说明了中国资本市场的定价机制存在一定的缺陷;而国外研究管理层短视的文献则建立在资本市场定价有效的前提下。本章发现,当股价高估时,基于维持股价的动机,管理层会选择将资源投入到资本支出项目而非创新中,证实了在中国资本市场定价机制非有效的情况下,管理层短视是抑制创新的一个重要因素。第三,本章的研究还具有一定的政策含义。本章的研究对于如何利用资本市场更好地支持企业创新、服务实体经济有一定的启示作用,研究结果表明进一步完善资本市场定价效率、防止股价出现高估有助于缓解管理层由股价压力导致的短视行为,对提升企业的创新水平、促进经济的长期增长有重要的理论和现实意义。

6.2 理论分析与研究假说

6.2.1 "缓解融资约束"假说

市场择时理论指的是 CEO 选择在股价高估时进行股权融资,这可以降低企业的股权融资成本(Stein,1996)。国内外的研究均表明,市场择时是影响管理层股权融资的重要动机之一。就美国资本市场而言,Graham et al.(2001)的调研表明67%的 CFO 在股权融资时具备市场择时的动机。大量实证研究也支持了市场择时理论。Baker et al.(2003)研究发现,公司股权依赖度越高,错误定价对公司股权融资的促进作用越明显。Campello et al.(2013)也发现互联网泡沫期间,上市公司利用资产价格泡沫进行了股权融资,这可以缓解部分资金紧缺公司的融资约束状况。中国资本市场也发现了类似证据,如李君平等(2015)发现股价高估对公司股权融资具有显著的正向影响。

融资能力对企业创新至关重要。大量学者发现融资约束不利于企业创新,例如,张杰等(2015)利用微观企业数据,发现融资约束对民营企业 R&D 投入产生了显著的抑制作用。究其原因,是因为R&D内在的高风险所带来的收益不确定性以及逆向选择、道德风险问题,导致企业的相应投入难以从外部融资渠道获得足够的资金支持,并反过来导致企业R&D投入不足,产生"融资缺口"(Hall et al.,2010)。由于外源负债融资很难成为企业R&D投入的资金来源(Stiglitz et al.,1981),因此股权融资成为企业创新融资的重要方式。Brown et al.(2009)、Kim et al.(2008)及其他诸多学者,均发现金融发展提升了企业的股权融资水平,进而促进了企业R&D投入。

以上研究表明,如果企业在股价高估时进行股权融资,且至少将部分融得的资金投入到研发等企业创新活动中,将有利于企业的创新产出。我们称之为股价高估的"缓解融资约束"假说。据此,本章提出对立假设之一。

H1(a):股价高估与企业的创新产出正相关。

6.2.2 "加剧管理层短视"假说

对于企业而言,进入资本市场并非"百利而无一害"。逐利是资本的天性,资本市场的一个明显弊端就是给企业带来了过多的短期业绩压力(Porter,1992)。这些压力可能来自多方面,例如被收购的风险、机构投资者、分析师、媒体报道等(Stein,1988;Shleifer et al.,1990;He et al.,2013;杨道广 等,2017)。当企业面临资本市场的压力时,一个自然的反应是进行盈余管理,以便达到外界对公司业绩的期许(Matsumoto,2002;于忠泊 等,2011)。除了盈余管理,资本市场的压力还可能会扭曲管理层的其他投融资决策。例如,Graham et al.(2005)的调研表明,为了迎合分析师的盈利预测,管理层会选择牺牲长期投资项目,将资源更多地投入到短期项目中。Stein(1988)将此种因资本市场压力导致的管理层决策扭曲称为"管理层短视"。

国内外学者对管理层短视的经济后果进行了大量研究,得出的一个共识便是管理层短视不利于企业创新。这是因为创新与大规模生产和营销等常规任务不同,它是一个充满了不确定性和具有高失败概率的漫长过程(Holmstrom,1989)。对于企业而言,将资源投入到创新当中,不仅面临较高的失败风险,同时也难以在短期内形成盈利。短期的业绩压力会使得管理层将资源配置到更可能实现营利的项目中,进而降低了企业的创新产出。大量学者对此种逻辑进行了验证,例如,

Shai(2015)发现企业上市后,资本市场的"聚光灯"效应使得企业的创新数量和质量均出现下滑。Seru(2014)发现企业进行多元化并购后,各部门为了向CEO争取资源,会更加注重短期业绩因而抑制了企业的创新产出。此外,被收购的压力(Stein,1988)、短视的机构投资者(Bushee,1998)、更多的分析师跟踪(He et al.,2013)、更高的股票流动性(Fang et al.,2014)等均会通过加剧管理层短视进而抑制企业创新。

正因为管理层短视不利于企业创新,因此缓解管理层短视的因素(如对短期失败的容忍)对创新有促进作用。Manso(2011)的理论分析表明,与对长期的创新成功进行奖励一样,对短期失败的容忍也是促进创新的必要条件。Tian et al.(2014)发现对失败容忍度更高的风险资本对企业创新有正面作用。Aghion et al.(2013)指出因降低了CEO职业生涯的风险,对失败容忍度更高的机构投资者可以促进企业创新。Luong et al.(2017)的跨国研究也得出了类似的结论,表明外国机构投资者对失败的容忍是促进创新的原因之一。Brav et al.(2018)发现对冲基金介入后公司会削减与主业无关的创新,更加专注于主业的创新并提高创新效率。Chemmanur et al.(2018)利用断点回归的实证策略,发现公司通过反收购法案后创新产出增加,支持了被收购的压力抑制企业创新的观点。

以上研究表明,资本市场的压力加剧了管理层短视,这将损害企业的创新产出。需要指出的是,国外管理层短视的文献建立在资本市场定价机制有效的前提下,即股价与业绩紧密挂钩,管理层为了推高股价,便会将资源投入到更多可以在短期内提升业绩的项目中。而本书的股价高估指标则意味着资本市场定价机制并不完善,但是我们认为股价高估也可能会加剧管理层短视。如果股价高估加剧了管理层短视,为了维持或推高股价,管理层可能会将资源投入到短期内有利于股价表现的资本支出项目中,这种"挤出效应"将抑制企业的创新产出[①]。以上我们称之为股价高估的"加剧管理层短视"假说。据此,本章提出另一个对立假设。

H1(b):股价高估与企业的创新产出负相关。

---

① 股价高估可能扭曲公司决策,并不意味着公司进行更多短期资本项目支出、减少创新产出可以扭转股价下跌的趋势。如果公司在股价高估时不这么做,短期股价表现可能更差。

6.3 研究设计

6.3.1 样本选择与数据来源

本章以 2002—2016 年沪、深两市的上市公司为研究对象,其中专利数据截止到 2016 年,而部分控制变量在 2002 年之前存在一定的缺失,因此选取的样本期为 2002—2016 年。本章的财务数据、股价数据和创新专利数据均源自 CSMAR 数据库。对初始数据进行如下处理:(1)剔除金融类上市公司;(2)剔除所有 ST、PT 等经营状况异常的上市公司;(3)删除变量缺失样本。根据以上处理,共得到 24 850 个样本。考虑本章的被解释变量是滞后一期的专利产出,因此本章主要的回归模型中使用的样本数量为 21 133 个。为了排除异常值对结果可能造成的影响,本章对所有连续变量按照 1% 的标准进行 Winsorize 处理。除了回归时使用公司固定效应模型,本章还对标准误进行了公司维度的聚类处理(Cluster),以控制潜在的截面相关问题(Peterson,2009)。

6.3.2 变量的选取与说明

1. 企业创新

与现有文献一致(Fang et al.,2014;郝项超 等,2018),本章以企业申请并获准的专利数量为衡量创新产出的指标[①]。为了进一步识别股价高估对不同类型专利的影响,借鉴黎文靖等(2016)的研究,本章进一步将专利(Patent)分为发明专利

[①] 由于专利更好地衡量了企业的创新质量,且 R&D 无法衡量影响企业创新的不可观察因素,目前创新领域的文献普遍认为专利产出比 R&D 数据可以更好地衡量企业的创新行为(Fang et al.,2014)。而中国上市公司的 R&D 数据在 2012 年之前存在明显缺失,这可能是因为 R&D 投入属于企业自愿披露的项目。基于以上考虑,本章以专利产出而非 R&D 投入来衡量企业的创新行为。

(IPatent)和非发明专利(UPatent),其中非发明专利包括实用新型和外观设计两类专利。在估计模型时,对相关专利指标均加1,再进行对数化处理。

2. 锚定比率(RPR)

参考杨威等(2020)的研究,本章定义锚定比率(RPR)来衡量股价高估程度,具体来说,锚定比率指的是每年最后一个交易日的股价与该年股价最大值的比值。之所以使用年末股价与该年股价最高点的比值来衡量股价高估,是因为我们的被解释变量是 $t+1$ 年的专利产出,因此我们需要一个事前的指标来衡量 t 年的股价高估水平。而 t 年的最后一个交易日实际上便相当于 $t+1$ 年的第一个交易日,因此以锚定比率指标研究股价高估与下一年创新产出的关系就可以缓解事后股价高估指标难以解决的内生性问题。

3. 控制变量

借鉴 Fang et al.(2014)、孔东民等(2017)、郝项超等(2018)等学者的研究,本章控制了一系列可能影响创新的公司变量和行业变量,包括企业规模、企业资产负债率、企业资产收益率、营收增长率、固定资产比例、市值账面比、行业集中度、董事会规模、独立董事比例、CEO-董事长两职合一以及管理层持股比例等。主要变量的符号和定义与说明详见表6.1。

表6.1 主要变量的符号和定义与说明

变量	符号	定义与说明
因变量	lnPatent	$t+1$ 年企业专利总数,计算方式为 ln(1+专利总数)
	lnIPatent	$t+1$ 年企业发明专利总数,计算方式为 ln(1+发明专利总数)
	lnUPatent	$t+1$ 年企业非发明专利总数,计算方式为 ln(1+实用新型专利总数+外观设计专利总数)
自变量	RPR	t 年最后一个交易日的股价与该年股价最大值的比值,衡量股价高估水平
控制变量	Lev	t 年资产负债率,等于负债总值与资产总值的比值
	Size	企业规模,等于 t 年公司总资产的自然对数
	Roa	t 年企业资产收益率,等于净利润与期末总资产的比值
	Salesgrowth	营收增长率,等于 t 年公司销售额的变化值与上一年度销售额的比值
	MB	市值账面比,等于 t 年末公司市值与账面价值的比值

续表

变量	符号	定义与说明
控制变量	Tangibility	固定资产比例,等于 t 年(固定资产＋折旧)/期末资产总值
	HHI	t 年公司所处行业内所有企业以销售额衡量的市场占有率的平方和
	Board	t 年董事会规模
	IndRatio	独立董事比例,等于 t 年独立董事人数与董事会规模的比值
	Dual	t 年若董事长和总经理两职合一,该变量为 1,否则为 0
	MH	管理层持股比例,等于 t 年管理层持股数量占总股本的百分比

6.3.3 研究模型

本章利用式(6.1)所示的模型来检验股价高估是否会降低企业创新产出：

$$\ln Innov_{i,t+1} = \beta_0 + \beta_1 RPR_{i,t} + \gamma Controls_{i,t} + \alpha_i + \delta_t + \varepsilon_{i,t} \quad (6.1)$$

其中,$\ln Innov_{i,t+1}$ 指的是企业下一年的创新产出,即 $\ln Patent_{i,t+1}$、$\ln IPatent_{i,t+1}$ 和 $\ln UPatent_{i,t+1}$,分别表示取对数后的专利总数、发明专利总数和非发明专利总数。考虑创新需要耗费一定的时间,本章在回归中将所有被解释变量做滞后一期处理。锚定比率($RPR_{i,t}$)是本章的主要解释变量,用于衡量股价高估。β_1 是我们关注的系数,$Controls_{i,t}$ 为一系列可能影响创新产出的企业和行业特征变量。此外,α_i 表示公司固定效应,δ_t 表示年份固定效应,$\varepsilon_{i,t}$ 为残差项。

6.4 实证结果分析

6.4.1 描述性统计

表 6.2 列出了主要变量的描述性统计结果。其中,取对数前,衡量企业创新活动的专利总数(Patent)的均值为 17.798 4,标准差为 48.648 0,衡量创新活动细分指标发明专利(IPatent)和非发明专利(UPatent)的均值分别为 3.659 0 和 13.804 1,标准差分别为 10.644 1 和 39.519 2[①]。这 3 个被解释变量在不同公司间存在明显差异,为我们

---

① 本章专利申请量的均值略高于孔东民等(2017)的文献中的均值,可能源于我们的样本期相对更靠后。这与专利申请量迅速膨胀的现实相一致(张杰 等,2018)。

的识别提供了一定的基础。就解释变量而言,投资者锚定比率指标(RPR)的均值为0.7377,中位数为0.7619,最小值和最大值分别为0.2440和1.0000,标准差为0.1752。其他控制变量的分布与已有文献类似(孔东民 等,2017;朱冰 等,2018)。

表6.2 主要变量的描述性统计结果

变量	观测数	均值	标准差	最小值	中位数	最大值
Patent	24 850	17.798 4	48.648 0	0.000 0	2.000 0	345.000 0
IPatent	24 850	3.659 0	10.644 1	0.000 0	0.000 0	74.000 0
UPatent	24 850	13.804 1	39.519 2	0.000 0	1.000 0	282.000 0
RPR	24 850	0.737 7	0.175 2	0.244 0	0.761 9	1.000 0
Lev	24 850	0.471 3	0.225 7	0.049 5	0.471 4	1.329 7
Size	24 850	21.757 2	1.240 2	18.997 2	21.616 2	25.527 1
Roa	24 850	0.030 2	0.066 6	−0.322 7	0.032 1	0.193 2
Salesgrowth	24 850	0.215 1	0.572 2	−0.717 5	0.115 6	3.896 2
MB	24 850	3.781 9	3.824 5	−2.472 6	2.717 9	28.553 5
Tangibility	24 850	0.256 7	0.179 2	0.002 3	0.224 1	0.754 0
HHI	24 850	0.077 5	0.122 3	0.009 2	0.026 2	0.793 8
Board	24 850	9.040 6	1.869 9	5.000 0	9.000 0	15.000 0
IndRatio	24 850	0.358 9	0.060 8	0.333 3	0.333 3	0.571 4
Dual	24 850	0.186 2	0.389 3	0.000 0	0.000 0	1.000 0
MH	24 850	0.079 4	0.168 6	0.000 0	0.000 1	0.676 8

6.4.2 锚定比率衡量股价高估的合理性

为了证实锚定比率(RPR)究竟意味着股价高估还是股价低估,表6.3先对RPR能否预测股价收益和股价崩盘风险进行了相关检验。首先,如果RPR意味着股价高估,那么该指标应当与下一年的股价收益率负相关。表6.3中第(1)列和第(2)列的被解释变量分别为公司下一年经指数调整和同行业中位数公司调整后的股价超额收益,回归结果显示锚定比率(RPR)与下一年的股价收益率负相关,且在1%的水平上显著。其次,股价崩盘风险的根源在于股价积累了泡沫(Xiong et al.,2013),如果某指标在事前能对崩盘有预测能力,即说明该指标可能意味着股价高估。借鉴相关研究(许年行等,2012;褚健 等,2016),第(3)列和第(4)列的被解释变量均是衡量公司下一年股价崩盘风险的指标,其中NCSKEW指的是负收益率分布偏度,DUVOL指的是公司的下跌波动率除以上涨波动率,这两个指标越大均意味着公司的股价崩盘风险越大。回归结果显示,RPR显著加剧了公司下一年的股价崩盘风险。表6.3的结果说明,当RPR较高时,下一年的股价收益较低且股价崩盘风险较高,证实了该指标事前衡量股价高估的合理性。

表6.3 锚定比率与股价收益率和股价崩盘风险的关系

变量	(1) Ret_{t+1}	(2) Ab_Ret_{t+1}	(3) $NCSKEW_{t+1}$	(4) $DUVOL_{t+1}$
RPR_t	-0.244 0***	-0.183 0***	0.608 3***	0.467 7***
	(-6.382 7)	(-4.950 4)	(10.003 8)	(9.313 2)
Lev_t	0.340 3***	0.327 6***	-0.367 1***	-0.343 3***
	(6.828 5)	(6.853 4)	(-5.070 0)	(-5.720 9)
$Size_t$	-0.263 4***	-0.247 3***	0.218 8***	0.208 9***
	(-20.243 9)	(-19.502 2)	(11.761 6)	(13.271 9)
ROA_t	0.363 2***	0.307 1***	-0.476 3***	-0.391 7***
	(3.628 1)	(3.110 9)	(-3.256 3)	(-3.178 3)
$Salesgrowth_t$	0.017 5**	0.022 6***	-0.003 4	-0.012 9
	(2.386 9)	(3.150 6)	(-0.280 4)	(-1.236 0)
MB_t	-0.031 6***	-0.030 2***	0.037 1***	0.035 2***
	(-13.501 7)	(-13.208 5)	(11.170 5)	(12.119 6)
$Tangibility_t$	0.031 0	0.000 1	-0.154 7**	-0.091 7
	(0.644 5)	(0.003 1)	(-2.041 2)	(-1.439 9)
HHI_t	0.022 3	-0.148 8	0.037 1	-0.089 5
	(0.155 0)	(-1.094 2)	(0.226 9)	(-0.622 7)
$Board_t$	-0.000 2	-0.001 4	-0.002 6	0.001 8
	(-0.040 4)	(-0.352 5)	(-0.391 7)	(0.318 2)
$IndRatio_t$	0.082 0	0.033 3	-0.005 8	0.124 9
	(0.832 7)	(0.349 2)	(-0.032 1)	(0.857 6)
$Dual_t$	0.013 2	0.012 2	0.036 7	0.029 5
	(0.803 2)	(0.762 1)	(1.382 1)	(1.330 5)
MH_t	-0.113 8	-0.084 3	-0.028 1	-0.030 8
	(-1.186 3)	(-0.899 1)	(-0.194 5)	(-0.248 2)
_cons	5.487 1***	5.353 9***	-4.230 4***	-3.976 8***
	(20.259 1)	(20.215 3)	(-10.718 9)	(-11.919 2)
Firm	Yes	Yes	Yes	Yes
Year	Yes	Yes	Yes	Yes
Adj_R2	0.198 3	0.021 6	0.156 8	0.225 8
N	21 132	21 132	24 144	24 144

注:括号内的数值为根据公司个体进行聚类调整的 t 值;*,**,*** 分别表示10%,5%和1%的显著性水平。如未做特殊说明,以下各表同。

6.4.3 股价高估与企业创新产出关系的基准回归结果

表6.4是锚定比率与企业创新产出的回归结果。其中,第(1)列以下一年的专利总数为被解释变量,仅加入RPR进行单变量回归。在控制公司固定效应和年份固定效应之后,RPR与企业创新显著负相关,初步表明股价高估不利于企业创新。第(2)列进一步加入了其他控制变量,RPR的回归系数依然显著为负且在1%的水平上显著。第(3)列和第(4)列分别以下一年公司的发明专利和非发明专利为被解释变量,回归结果显示RPR的系数均在1%的水平上显著为负[1]。表6.4的结果支持了"加剧管理层短视"假说,即股价高估降低了企业创新产出,且对发明专利和非发明专利均有显著的负向影响。

需要说明的是,表6.4控制了公司固定效应,而非仅仅控制行业固定效应。这是因为如果不控制公司的固定效应,遗漏变量问题可能会使RPR的系数出现高估。例如,较高的管理层能力可能有利于创新,而投资者也可能更倾向于购买管理层能力较强的公司的股票,这会使得公司股价在达到高点后依然保持在较高的位置。还有另一种可能,即投资者更倾向于购买创新能力较强的公司的股票,这也会使公司股价在到达高点后维持在较高水平。此外,控制公司固定效应也是目前创新文献的主流做法,因此本章使用了公司固定效应这一较为严格的控制方式。

就控制变量而言,以表6.4的第(2)列为例,公司规模(Size)、固定资产比例(Tangibility)对企业创新有显著的促进作用,表明较大的企业规模和固定资产比例可能降低了企业投入创新的边际成本。而资产收益率(ROA)、营收增长率(Salesgrowth)和较高的管理层持股比例(MH)则对创新有较为负面的影响,间接支持了管理层短视不利于企业创新的观点。这是因为当公司具有较高的营利能力或管理层持股比例较高时,公司会更加注重短期业绩,进而不利于创新。值得注意的是,衡量公司估值水平的市值账面比(MB)[2]对创新无明显影响。由于MB中可

---

[1] 当我们在表6.4的回归中不加入任何变量,仅控制公司固定效应和年份固定效应时,模型的R^2也接近70%。这说明专利产出明显地受公司特征的影响,并体现出明显的随时间递增的趋势。

[2] MB与本章主要解释变量RPR的相关系数为0.128,并且即使不控制MB,RPR的回归系数依然显著为负。后文中我们会使用其他指标衡量公司的估值水平,本章的结果也依然不受影响。

能同时包含了公司成长性和市场错误估值两方面的信息（Fu et al.，2013），两者对创新的影响可能互相抵消，因此使得 MB 对企业创新无明显影响。

表6.4 锚定比率与企业创新产出的回归结果

变量	(1) $\ln Patent_{t+1}$	(2) $\ln Patent_{t+1}$	(3) $\ln IPatent_{t+1}$	(4) $\ln UPatent_{t+1}$
RPR_t	−0.287 1***	−0.166 9***	−0.117 2***	−0.152 5***
	(−4.934 6)	(−2.978 5)	(−2.838 4)	(−2.699 7)
Lev_t		−0.165 0*	−0.105 8	−0.126 1
		(−1.684 4)	(−1.504 0)	(−1.344 6)
$Size_t$		0.303 1***	0.216 5***	0.262 5***
		(9.182 4)	(8.934 1)	(8.401 6)
Roa_t		−0.399 5**	−0.394 9***	−0.227 3
		(−2.409 7)	(−3.426 6)	(−1.392 4)
$Salesgrowth_t$		−0.021 6*	−0.021 8**	−0.015 0
		(−1.724 0)	(−2.419 4)	(−1.202 1)
MB_t		0.002 7	0.003 1	0.000 4
		(0.941 2)	(1.530 7)	(0.125 3)
$Tangibility_t$		0.408 8***	0.275 6***	0.340 1***
		(3.489 6)	(3.303 3)	(3.041 2)
HHI_t		0.464 2	0.668 7***	0.324 6
		(1.604 3)	(3.409 8)	(1.215 7)
$Board_t$		0.000 9	−0.002 7	0.004 5
		(0.080 5)	(−0.336 8)	(0.424 8)
$IndRatio_t$		0.037 9	−0.035 0	0.133 4
		(0.143 4)	(−0.155 7)	(0.533 4)
$Dual_t$		−0.021 3	−0.019 5	−0.023 7
		(−0.636 0)	(−0.706 8)	(−0.721 5)
MH_t		−0.638 8***	−0.571 9***	−0.592 2***
		(−2.755 1)	(−3.000 7)	(−2.816 5)
_cons	0.988 6***	−5.482 4***	−4.247 3***	−4.762 6***
	(18.884 6)	(−7.718 9)	(−8.098 7)	(−7.093 8)
Firm	Yes	Yes	Yes	Yes
Year	Yes	Yes	Yes	Yes
Adj_R2	0.749 9	0.757 5	0.678 6	0.729 5
N	21 133	21 133	21 133	21 133

6.4.4 稳健性分析和内生性检验

1. 控制月份固定效应

锚定比率(RPR)是年度最后一个交易日的股价与年度股价高点的比值。股价高点如果集中出现在某个特定的月份,可能会影响本章基准结果的稳健性。例如,因中国特有的农历新年,临近年底时食品行业或白酒行业的上市公司可能处于业绩加速释放期。尽管表 6.4 的基准结果已经控制了公司固定效应(公司固定效应是较行业固定效应更严格的控制方式),但可能存在其他原因使得股价高点集中出现在某些特定的月份,这可能会干扰本章的实证结果。为了控制股价高点随机性对本章结果可能造成的影响,我们在本书附表 1 中额外控制了股价高点出现的月份虚拟变量。附表 1 的回归结果显示,在控制公司、年份和股价高点月份固定效应之后,主要结果 RPR 依然显著降低了下一年企业的创新产出,表明股价高估不利于企业创新这一结果不受股价高点出现月份的影响。

2. 更换解释变量的度量指标

锚定比率(RPR)相当于年底最后一个交易日与最近一年股价高点的比值,使得本章的结果可能受股价高点期限的影响。为了排除这种可能,本书附表 2 的 Panel A 以年度最后一个交易日的股价与最近 200 个交易日股价最大值的比值(RPR200)作为另一个锚定比率的替代指标。回归结果显示,控制公司固定效应后,在第(1)列至第(4)列的回归中,RPR200 的回归系数均在 1% 的水平上显著为负。附表 2 的 Panel B 以年度最后一个交易日的股价与最近 500 个交易日(即近两年)股价最大值的比值(RPR500)作为另一个锚定比率的替代指标。回归结果显示,控制公司固定效应后,在第(1)列至第(4)列的回归结果中,RPR500 的回归系数均在 1% 的水平上显著为负。

3. 股价低点的锚定比率对企业创新的影响

本章的锚定比率是以股价高点作为基准,锚定比率越大可能意味着股价越高估,那么股价低点的锚定比率越大是否也意味着股价越高估呢? 如果股价低点的锚定比率也能衡量股价高估,那么这一新的锚定比率应当与创新产出也存在显著为负的关系。为了探讨这种可能性,附表3检验了股价低点的锚定比率与企业创新产出的关系。附表3中的解释变量RPR_L衡量投资者对股价低点的锚定比率,具体而言,RPR_L指的是年度最后一个交易日股价的收盘价与该年股价收盘价最小值的比值。附表3第(1)列~第(4)列的回归结果显示,RPR_L的回归系数均不显著,表明股价低点的锚定比率不会抑制企业创新。这可能有三方面的原因:第一,考虑A股整体上容易高估,股价低点可能并不意味着股价高估;第二,股价低点的锚定比率不能有效衡量股价高估,这可能与中国资本市场"牛短熊长"的特征相吻合[1],因此离股价高点越近越可能意味着股价存在高估,而锚定股价低点则可能意味着公司股价将在较长的时期内处于较低水平;第三,本书构造的锚定比率这一指标源自行为金融文献(Ma et al.,2018)的启发,而投资者在利用股价高点判断股价是否高估时,可能更多地参考了股价高点而非股价低点,使得相对股价高点的锚定比率可以更好地衡量股价是否高估。

进一步地,我们在附表4同时引入RPR和RPR_L两个变量,第(1)列~第(4)列的回归结果显示,RPR_L的回归系数不显著,表明锚定股价低点不会抑制企业创新;RPR的回归系数依然在1%的显著性水平上显著为负,再次证明高点的锚定比率将抑制企业创新。

4. 控制股价波动率

本书的解释变量RPR指的是年底股价与该年股价高点的比值,而RPR在公司股价波动率较小的公司中更大。为了控制股价波动率对本书结果的影响,本书以公司股价周收益率的标准差衡量股价波动率(VOL),并在回归模型中加入股价波动率,以控制股价波动率对回归结果的影响。相应的回归结果见附表5,其中第(1)列~第(4)列的回归结果表明,VOL的回归系数不显著,RPR的回归系数则依然在1%的显著性水平上为负,这说明锚定比率降低企业创新跟公司股价的波动

---

[1] A股市场牛市持续时间较短,而熊市持续时间较长。最近的一次牛市是2015年上半年,指数在半年内由3 000点上涨至5 178点;2015年年中发生了股市崩盘,之后的3年A股指数一直在3 000点附近徘徊。

率无关,进一步支持了 RPR 作为股价高估指标的合理性。

5. 用 Tobin_Q 衡量公司估值水平

由于本书的锚定比率(RPR)是在控制公司估值水平的基础之上进一步衡量股价高估水平对企业创新的影响,因此当使用不同的指标衡量公司估值水平时,RPR 与企业创新的关系可能会发生变化。为了证实衡量估值水平的指标并不影响本书的主要结果,我们在附表 6 中以 Tobin_Q 替代市值账面比(MB)衡量公司的估值水平。附表 6 中,第(2)列~第(4)列的部分回归结果显示,Tobin_Q 的回归系数显著为正,表明 Tobin_Q 在衡量公司估值水平方面与市值账面比(MB)存在明显的差异,这一结果似乎说明较高的估值水平促进了企业的创新。尽管如此,衡量股价高估水平指标 RPR 的系数仍然在 1% 的水平上显著为负,不受公司估值水平指标变更的影响。这说明 RPR 指标在衡量股价高估方面确实具有额外的信息含量,且对企业创新有着稳健的负面影响。

6. 控制股票流动性

Fang et al.(2014)的研究表明较高的股票流动性不利于企业创新,因为流动性增大了管理层短视的压力。在中国的资本市场中,股价的上涨通常伴随着交易量的增大,进而体现为较高的股票流动性,因此流动性可能与股价高估存在一定的关系。为了证实本书的结果不受股票流动性的影响,借鉴张峥等(2014)的研究,本书以股价非流动性指标衡量股票流动性(Illiq),并在主回归模型中加入该指标。具体而言,股价非流动性指标的含义是成交一定金额的股票时其股价变化的幅度,该值越小表示公司股票的流动性越强。相应的回归结果如附表 7 所示,各列中 Illiq 均显著为正,表明较高的股票流动性不利于企业的创新产出,这一结果与 Fang et al.(2014)的发现较为一致。更重要的是,在控制了股票流动性对本书结果的可能影响之后,锚定比率(RPR)在各列的回归系数依然显著为负,表明本书结果具有稳健性。

7. 股价低估对创新产出的影响

创新项目具有高风险等特性,同时创新也是公司战略的重要组成部分,因此公司不会完全披露企业创新的相关信息。此种信息不对称导致外部投资者可能会低估公司的价值。为了避免公司价值出现低估,管理层在资本市场的各方压力下,便会削减企业的创新投入,并将资源投入到其他短期内能提高公司业绩的项目中,以便使资本市场能够充分认可公司的价值。此种逻辑意味着股价低估对企业创新也可能存在负面的影响。

然而,A 股资本市场以散户为主体的特征以及卖空机制的不完善,使得股价出现高估的可能性更大。同时,A 股资本市场因退市机制的不完善[1],"炒壳"现象较为严重。屈源育等(2018)估算上市公司的壳价值在 30 亿元左右,这意味着在极端情况下,即便公司面临破产倒闭,"壳价值"也是公司价值的底线,而此时传统的公司估值模型则可能认为公司价值接近于 0。另外,国企以及具备政治关联的民企可能存在政府的隐性担保,使得企业出现困境时能及时得到救助。以上特征均意味着 A 股的上市公司不大可能出现股价低估。正是基于 A 股资本市场更容易出现股价高估而非股价低估的独特制度背景,本书才重点考察了股价高估对企业创新产出的影响。虽然股价低估也可能加剧管理层短视进而不利于企业的创新产出,但是至今,我们仍找不到很好的指标来衡量股价低估。

8. 锚定比率对未来两期创新产出的影响

锚定比率(RPR)对企业创新的影响是否仅限于一年之内呢?本书在附表 8 将未来两期的创新产出作为被解释变量,表中第(1)列的单变量回归结果显示,锚定比率(RPR)与未来两期的专利产出具有显著的负相关关系。加入控制变量后,第(2)列中锚定比率(RPR)的系数接近在 10% 的水平上显著为负;进一步将专利分为发明专利和非发明专利,第(3)列和第(4)列的结果显示,RPR 的系数均在 10% 的水平上显著为负,这说明股价高估对企业创新的负面影响具有一定的持续性。附表 8 的结果似乎说明,股价高估水平会随着时间的变化相对减弱但不至于完全消失,这将使得以未来两期专利产出为被解释变量时的回归结果依然显著但显著性水平相对下降。同时,即便锚定比率(RPR)仅对未来一年和两年的专利产出有

---

[1] 截至目前,2001—2018 年之间,中国股市退市的公司共有 14 家,退市率仅为 0.38%。而这一数据在纽约交易所为 6%,在纳斯达克为 9%,在东京交易所为 10%。

显著的负面影响,但考虑股价是处于持续变动状态中的,这意味着每年均有一些公司的股价相对高估,因此股价高估对企业专利的负面影响在经济意义上也是十分明显的。

9. 内生性检验

为了克服可能存在的内生性问题,我们采用同行业其他公司的锚定比率(RPR)的均值作为工具变量(RPR_ind)。受共同行业信息的影响,同行业公司的股价走势会体现出一定的相似性(Chan et al.,2014)。行为金融的文献也表明,投资者买卖股票时会对股票进行分类(Kong et al.,2017),而行业显然是对股票分类的一个重要依据。因此,该工具变量满足相关性。此外,公司股价只能跟随行业股价走势,并不能决定行业内其他公司股价的走势,因此很难有理由说明同行业其他公司RPR的均值会影响公司下一年的创新决策,即该工具变量满足外生性。表6.5的工具变量回归结果显示,RPR_ind的回归系数显著为正,表明公司股价走势确实与同行业其他公司股价走势高度相关。同时,在检验中我们测试得到一阶段回归F值为792.33,表明RPR_ind不存在弱工具变量问题。二阶段的回归系数方向与此前保持一致,且系数的绝对值和统计显著性均有所提升。工具变量的回归结果较普通OLS回归更为显著,可能说明RPR较多地包含了公司较好的成长机会,使得公司股价达到高点以后依然可以保持在相对较高的水平,因此在利用工具变量控制可能的内生性问题后RPR更好地捕捉了股价高估这一特性。总之,表6.5的结论进一步缓解了本书的内生性问题,支持了股价高估会抑制企业创新的观点。

表6.5 工具变量回归结果

变量	(1)	(2)	(3)	(4)
	一阶段 RPR_t	$lnPatent_{t+1}$	$lnIPatent_{t+1}$	$lnUPatent_{t+1}$
RPR_ind_t	0.7663***			
	(28.1483)			
RPR_t		−1.6818***	−1.5044***	−1.4005***
		(−6.4531)	(−7.4626)	(−5.3547)
Lev_t	0.0215***	−0.1314**	−0.0752*	−0.0983*
	(2.8867)	(−2.3860)	(−1.7667)	(−1.7791)

续 表

变量	(1) 一阶段 RPR_t	(2) $lnPatent_{t+1}$	(3) $lnIPatent_{t+1}$	(4) $lnUPatent_{t+1}$
$Size_t$	−0.013 8***	0.282 4***	0.197 6***	0.245 4***
	(−7.161 9)	(19.434 6)	(17.582 2)	(16.827 8)
Roa_t	0.418 8***	0.240 7	0.192 0	0.299 9*
	(24.049 2)	(1.426 1)	(1.470 6)	(1.770 5)
$Salesgrowth_t$	0.012 0***	−0.003 5	−0.005 2	−0.000 1
	(8.017 5)	(−0.306 2)	(−0.592 9)	(−0.008 4)
MB_t	0.005 7***	0.011 9***	0.011 5***	0.008 0***
	(18.742 6)	(4.340 4)	(5.419 7)	(2.881 4)
$Tangibility_t$	−0.008 5	0.393 9***	0.263 6***	0.327 4***
	(−0.957 3)	(6.026 7)	(5.213 3)	(4.991 7)
HHI_t	0.032 5	0.571 8***	0.801 2***	0.405 3***
	(1.592 0)	(3.792 6)	(6.870 2)	(2.679 1)
$Board_t$	−0.000 7	0.000 4	−0.003 6	0.004 2
	(−0.806 6)	(0.062 7)	(−0.796 6)	(0.707 3)
$IndRatio_t$	−0.001 4	0.053 4	−0.022 9	0.146 6
	(−0.069 2)	(0.347 0)	(−0.192 8)	(0.949 8)
$Dual_t$	0.004 0	−0.016 6	−0.015 4	−0.019 8
	(1.214 5)	(−0.692 1)	(−0.829 1)	(−0.822 2)
MH_t	−0.004 8	−0.640 0***	−0.572 8***	−0.593 2***
	(−0.244 4)	(−4.443 2)	(−5.141 0)	(−4.103 5)
_cons	0.463 0***	−4.042 2***	−2.929 4***	−3.575 9***
	(11.721 1)	(−10.400 0)	(−9.743 9)	(−9.167 4)
Firm	Yes	Yes	Yes	Yes
Year	Yes	Yes	Yes	Yes
Adj_R2	0.603 1	0.112 4	0.087 1	0.048 3
N	20 988	20 988	20 988	20 988

6.5 异质性分析

为了进一步证实锚定比率(RPR)降低企业创新是源自股价高估引发的管理层短视,本章结合已有文献在表 6.6~表 6.8 中分别进行分样本检验,如果本章的主要结果在股价更可能高估的子样本中更明显,即可进一步说明锚定比率降低企业创新的结果是源于股价压力。

具体而言,表 6.6 以市值账面比(MB)进行分组检验。表中,奇数列为 MB 值高于中位数的子样本,偶数列为 MB 值低于中位数的子样本。回归结果显示,奇数列中 RPR 的系数显著为负,而偶数列中 RPR 的系数则不显著。考虑市值账面比可以衡量公司的估值水平,分组回归结果意味着当公司估值水平较高时,锚定比率对创新的抑制作用更为明显。

表 6.6 按市值账面比进行分组检验的回归结果

变量	(1) $\ln Patent_{t+1}$	(2) $\ln Patent_{t+1}$	(3) $\ln IPatent_{t+1}$	(4) $\ln IPatent_{t+1}$	(5) $\ln UPatent_{t+1}$	(6) $\ln UPatent_{t+1}$
RPR_t	−0.175 5**	−0.140 4	−0.169 4***	−0.067 6	−0.143 1*	−0.119 4
	(−2.144 7)	(−1.488 7)	(−2.838 2)	(−0.937 2)	(−1.731 1)	(−1.219 4)
Lev_t	−0.168 2	−0.318 9*	−0.117 3	−0.234 8*	−0.187 5	−0.283 8*
	(−1.084 8)	(−1.901 2)	(−1.035 3)	(−1.877 7)	(−1.267 7)	(−1.759 0)
$Size_t$	0.373 1***	0.299 9***	0.288 6***	0.209 9***	0.317 9***	0.276 6***
	(8.100 7)	(5.437 4)	(7.966 4)	(5.178 1)	(7.281 0)	(5.201 6)
Roa_t	−0.278 5	−0.747 6***	−0.310 5**	−0.622 5***	−0.090 8	−0.486 3*
	(−1.330 2)	(−2.607 3)	(−2.222 7)	(−2.828 7)	(−0.448 1)	(−1.712 5)
$Salesgrowth_t$	−0.014 9	−0.046 7**	−0.027 4**	−0.024 6*	−0.002 8	−0.047 9**
	(−0.848 9)	(−2.339 2)	(−2.078 4)	(−1.823 6)	(−0.160 5)	(−2.437 7)
MB_t	0.006 1	0.008 1	0.004 2	−0.003 6	0.005 7	−0.005 9
	(1.401 5)	(0.364 9)	(1.321 5)	(−0.213 0)	(1.339 3)	(−0.264 8)
$Tangibility_t$	0.384 7***	0.482 7**	0.293 4***	0.304 9**	0.279 3**	0.462 5**
	(2.703 8)	(2.433 0)	(2.627 1)	(2.248 9)	(2.092 3)	(2.429 4)

续 表

变量	(1) lnPatent$_{t+1}$	(2) lnPatent$_{t+1}$	(3) lnIPatent$_{t+1}$	(4) lnIPatent$_{t+1}$	(5) lnUPatent$_{t+1}$	(6) lnUPatent$_{t+1}$
HHI$_t$	0.308 5	0.882 0	0.685 8***	0.814 4*	0.177 0	0.566 8
	(0.994 6)	(1.525 8)	(3.213 6)	(1.954 5)	(0.611 9)	(1.077 1)
Board$_t$	0.008 5	−0.016 6	0.009 5	−0.017 2	0.006 0	−0.007 5
	(0.576 5)	(−1.026 4)	(0.856 0)	(−1.411 1)	(0.427 1)	(−0.472 7)
IndRatio$_t$	0.110 1	0.359 8	−0.056 8	0.285 3	0.133 2	0.441 3
	(0.329 0)	(0.915 1)	(−0.214 7)	(0.794 1)	(0.426 6)	(1.162 0)
Dual$_t$	0.010 4	−0.079 7	−0.016 6	−0.052 1	0.025 1	−0.106 7**
	(0.228 0)	(−1.592 6)	(−0.433 1)	(−1.226 8)	(0.574 0)	(−2.122 8)
MH$_t$	−0.563 4*	−0.785 4**	−0.601 6**	−0.233 2	−0.557 2**	−0.917 1***
	(−1.794 6)	(−2.201 0)	(−2.217 0)	(−0.851 5)	(−2.010 9)	(−2.745 9)
_cons	−6.878 7***	−5.471 7***	−5.691 6***	−4.179 6***	−5.789 9***	−5.117 3***
	(−7.097 3)	(−4.675 9)	(−7.568 6)	(−4.834 0)	(−6.300 7)	(−4.547 6)
Firm	Yes	Yes	Yes	Yes	Yes	Yes
Year	Yes	Yes	Yes	Yes	Yes	Yes
Adj_R2	0.760 3	0.786 1	0.675 4	0.724 1	0.730 7	0.760 4
N	10 569	10 564	10 569	10 564	10 569	10 564

表 6.7 按照超额换手率指标对样本进行分组检验。超额换手率较高也可能意味着股价泡沫(Chen et al.,2003)。表中,奇数列为超额换手率高于中位数的子样本,偶数列为超额换手率值低于中位数的子样本。回归结果显示,第(1)列～第(4)列的奇数列中 RPR 的系数普遍为负且具有显著性,偶数列中 RPR 的系数则普遍不具有显著性,这说明股价高估对创新的抑制作用在超额换手率较高的企业中更为显著。尽管第(5)列与第(6)列的结果与我们的预期并不一致,但考虑以专利总数和发明专利数量为被解释变量进行回归的结果与预期一致,且非发明专利就重要性而言相对弱于发明专利,表 6.7 的结果大致支持了我们的猜想。

表 6.7 按超额换手率进行分组检验的回归结果

变量	(1) lnPatent$_{t+1}$	(2) lnPatent$_{t+1}$	(3) lnIPatent$_{t+1}$	(4) lnIPatent$_{t+1}$	(5) lnUPatent$_{t+1}$	(6) lnUPatent$_{t+1}$
RPR$_t$	−0.158 2*	−0.158 7	−0.137 0**	−0.111 4	−0.103 3	−0.183 2*

续 表

变量	(1) $\ln Patent_{t+1}$	(2) $\ln Patent_{t+1}$	(3) $\ln IPatent_{t+1}$	(4) $\ln IPatent_{t+1}$	(5) $\ln UPatent_{t+1}$	(6) $\ln UPatent_{t+1}$
RPR_t	(−1.759 9)	(−1.577 2)	(−2.107 4)	(−1.451 8)	(−1.126 2)	(−1.822 7)
MH_t	−0.628 1*	−0.616 3*	−0.593 2**	−0.419 1	−0.634 0**	−0.524 0
	(−1.950 6)	(−1.798 2)	(−2.419 8)	(−1.540 5)	(−2.146 2)	(−1.581 6)
Lev_t	−0.144 5	−0.204 7	−0.096 6	−0.132 5	−0.131 8	−0.150 6
	(−1.150 3)	(−1.618 1)	(−1.060 2)	(−1.457 9)	(−1.086 9)	(−1.225 5)
$Size_t$	0.313 8***	0.286 9***	0.232 2***	0.190 9***	0.280 9***	0.244 1***
	(7.305 6)	(7.252 8)	(7.245 4)	(6.736 9)	(6.880 9)	(6.517 1)
Roa_t	−0.358 6	−0.469 8**	−0.331 9**	−0.429 0***	−0.225 9	−0.297 9
	(−1.549 9)	(−2.003 8)	(−2.049 9)	(−2.656 2)	(−0.992 9)	(−1.296 4)
$Salesgrowth_t$	−0.026 6	−0.024 3	−0.033 3**	−0.013 1	−0.018 6	−0.017 7
	(−1.182 3)	(−1.348 3)	(−2.237 3)	(−0.971 1)	(−0.850 8)	(−0.970 8)
MB_t	0.000 9	0.003 2	0.003 7	0.002 4	−0.001 5	0.000 9
	(0.172 4)	(0.802 2)	(1.180 3)	(0.817 6)	(−0.296 2)	(0.220 7)
$Tangibility_t$	0.525 3***	0.268 1*	0.364 7***	0.187 5*	0.399 4***	0.230 5
	(3.439 7)	(1.738 6)	(3.410 1)	(1.712 5)	(2.728 6)	(1.565 3)
HHI_t	0.276 9	0.693 4*	0.549 9**	0.801 3***	0.174 8	0.468 3
	(0.765 1)	(1.827 9)	(2.308 8)	(3.034 8)	(0.517 1)	(1.307 7)
$Board_t$	0.005 7	−0.006 7	0.001 7	−0.008 2	0.007 8	−0.000 9
	(0.423 0)	(−0.451 5)	(0.155 9)	(−0.796 6)	(0.584 1)	(−0.063 1)
$IndRatio_t$	−0.082 3	0.071 1	0.035 3	−0.128 1	−0.002 2	0.210 0
	(−0.243 7)	(0.181 6)	(0.115 9)	(−0.437 9)	(−0.007 0)	(0.573 9)
$Dual_t$	−0.054 3	0.012 3	−0.031 2	−0.000 4	−0.048 2	0.002 3
	(−1.146 3)	(0.260 8)	(−0.818 3)	(−0.009 2)	(−1.031 5)	(0.047 7)
_cons	−5.776 2***	−5.061 0***	−4.657 2***	−3.627 9***	−5.191 5***	−4.309 3***
	(−6.364 5)	(−5.818 9)	(−6.808 2)	(−5.798 8)	(−5.994 9)	(−5.269 9)
Firm	Yes	Yes	Yes	Yes	Yes	Yes
Year	Yes	Yes	Yes	Yes	Yes	Yes
Adj_R2	0.752 2	0.751 3	0.674 0	0.671 4	0.723 7	0.725 3
N	10 734	10 399	10 734	10 399	10 734	10 399

表 6.8 以会计盈余指标对样本进行分组检验。会计盈余较高意味着公司的盈余质量较差,可能意味着公司的信息不对称性更强,此时公司的股价可能更为高估(Polk et al.,2009)。表 6.8 中,奇数列为会计盈余水平高于中位数的子样本,偶数列为会计盈余水平低于中位数的子样本。回归结果显示,奇数列中 RPR 的回归系数至少在 5% 的水平上显著为负,偶数列中 RPR 的回归系数则并不显著。考虑会计盈余水平代表了管理层"虚增"业绩,追求较高的短期回报,表 6.8 的结果也支持了管理层短视是股价高估不利于企业创新的机制这一观点。

表 6.8 按会计盈余进行分组检验的回归结果

变量	(1) $\ln Patent_{t+1}$	(2) $\ln Patent_{t+1}$	(3) $\ln IPatent_{t+1}$	(4) $\ln IPatent_{t+1}$	(5) $\ln UPatent_{t+1}$	(6) $\ln UPatent_{t+1}$
RPR_t	−0.2315***	−0.1059	−0.1777***	−0.0252	−0.2025**	−0.1124
	(−2.7379)	(−1.1486)	(−2.8645)	(−0.3498)	(−2.3518)	(−1.1921)
MH_t	−0.4129	−1.1663***	−0.5908**	−0.8200***	−0.3715	−0.9609***
	(−1.3007)	(−3.0978)	(−2.1026)	(−2.8182)	(−1.2560)	(−2.6446)
Lev_t	−0.1495	−0.1945	−0.0932	−0.1497	−0.0911	−0.1710
	(−1.3231)	(−1.2721)	(−1.1172)	(−1.2943)	(−0.8446)	(−1.1712)
$Size_t$	0.2399***	0.3899***	0.1817***	0.2693***	0.2092***	0.3433***
	(6.2439)	(8.1138)	(6.4571)	(7.4064)	(5.6948)	(7.5040)
Roa_t	−0.3148*	−0.3281	−0.2596**	−0.4564	−0.1734	−0.1306
	(−1.6576)	(−0.8199)	(−2.0070)	(−1.5631)	(−0.9177)	(−0.3269)
$Salesgrowth_t$	−0.0119	−0.0197	−0.0166	−0.0198	−0.0054	−0.0148
	(−0.7113)	(−0.8207)	(−1.3724)	(−1.1612)	(−0.3287)	(−0.6260)
MB_t	0.0012	0.0086	0.0003	0.0088**	−0.0002	0.0058
	(0.3553)	(1.5251)	(0.1289)	(2.2519)	(−0.0663)	(1.0245)
$Tangibility_t$	0.4735***	0.3037*	0.3401***	0.2244*	0.4029***	0.2504*
	(3.2643)	(1.9369)	(3.2535)	(1.9239)	(2.8852)	(1.6784)
HHI_t	0.6845*	0.3171	0.7523***	0.5409	0.5333	0.2492
	(1.8682)	(0.8245)	(3.2351)	(1.8531)	(1.6117)	(0.6777)
$Board_t$	−0.0077	0.0122	−0.0050	0.0019	−0.0003	0.0116
	(−0.5620)	(0.8400)	(−0.4959)	(0.1717)	(−0.0248)	(0.8199)
$IndRatio_t$	−0.2700	0.5916	−0.0305	0.1143	−0.2980	0.8095**
	(−0.8014)	(1.4822)	(−0.0949)	(0.3866)	(−0.9238)	(2.0895)

续 表

变量	(1) lnPatent$_{t+1}$	(2) lnPatent$_{t+1}$	(3) lnIPatent$_{t+1}$	(4) lnIPatent$_{t+1}$	(5) lnUPatent$_{t+1}$	(6) lnUPatent$_{t+1}$
Dual$_t$	−0.016 1	−0.008 4	−0.001 8	−0.026 5	−0.028 9	0.007 3
	(−0.356 0)	(−0.165 5)	(−0.048 7)	(−0.670 6)	(−0.636 0)	(0.140 0)
_cons	−3.989 4***	−7.577 8***	−3.459 4***	−5.484 1***	−3.506 2***	−6.720 4***
	(−4.737 6)	(−7.478 4)	(−5.593 3)	(−7.103 0)	(−4.355 6)	(−6.972 9)
Firm	Yes	Yes	Yes	Yes	Yes	Yes
Year	Yes	Yes	Yes	Yes	Yes	Yes
Adj_R2	0.761 3	0.753 3	0.685 2	0.674 6	0.733 5	0.725 1
N	10 595	10 538	10 595	10 538	10 595	10 538

6.6　进一步分析：股价高估抑制企业创新的机制

1. 股价高估缓解企业融资约束

尽管上述结果表明股价高估不利于企业创新,但这并不意味着股价高估对公司没有任何积极作用。为了探讨股价高估时企业是否利用股权融资缓解了融资约束,表6.9进行了相关检验。表6.9中,被解释变量是企业在下一年是否实施股权融资(包括定向增发和公开增发)的虚拟变量,第(1)列所示为面板logit模型的回归结果,第(2)列所示为面板probit模型的回归结果。表6.9的回归结果显示,RPR的回归系数显著为正,表明股价高估时企业进行了更多的股权融资,这一结果至少表明股价高估时企业利用了市场错误定价进行融资,进而有利于缓解企业的融资约束。

表6.9　锚定比率如何影响下一年股权融资

变量	(1) xtlogit模型	(2) xtprobit模型
	Issue$_{t+1}$	
RPR$_t$	0.543 8***	0.319 8***

续表

变量	(1) xtlogit 模型	(2) xtprobit 模型
	Issue$_{t+1}$	
RPR$_t$	(3.373 5)	(3.535 5)
Lev$_t$	1.564 8***	0.895 5***
	(14.208 5)	(14.270 4)
Size$_t$	−0.096 1***	−0.052 0***
	(−4.619 5)	(−4.435 4)
Roa$_t$	2.234 2***	1.316 6***
	(6.079 3)	(6.327 2)
Salesgrowth$_t$	0.185 3***	0.105 5***
	(6.087 3)	(5.968 2)
MB$_t$	0.009 2*	0.006 4**
	(1.791 7)	(2.116 6)
Tangibility$_t$	0.458 1***	0.271 8***
	(3.574 8)	(3.798 9)
HHI$_t$	−2.231 5***	−1.260 8***
	(−4.160 6)	(−4.376 7)
Board$_t$	−0.008 1	−0.003 4
	(−0.640 4)	(−0.484 9)
IndRatio$_t$	0.367 6	0.253 6
	(0.945 2)	(1.167 2)
Dual$_t$	0.138 0***	0.078 7***
	(3.037 1)	(3.023 3)
MH$_t$	0.990 8***	0.566 4***
	(8.983 5)	(8.844 4)
_cons	−3.938 2***	−2.044 5***
	(−6.903 9)	(−7.103 1)
lnsig2u	−5.316 6	−5.823 3**
	(−0.994 3)	(−2.095 7)
Firm	Yes	Yes
Year	Yes	Yes
chi2	1 605.404 4	1 743.149 5
N	24 826	24 826

2. 股价高估加剧企业的过度投资

为何股价高估缓解了企业的融资约束,但是却不利于企业的创新?"管理层短视"假说为我们指出了一种可能,即股价高估时管理层出于维护股价的动机,可能更倾向于将资源投入到短期内更有助于提振股价表现的资本项目支出中[①](Polk et al.,2009)。为了验证这一可能,借鉴相关研究(Richardson,2006;刘行 等,2013;刘慧龙 等,2014),本书估算了企业的过度投资水平。为了避免因模型设定而可能出现的误差,分别以营收增长率和市值账面比衡量企业的成长性并估计出企业的目标投资水平,真实投资水平减去目标投资水平即为企业的过度投资水平。表6.10所示为RPR与下一年企业过度投资的关系,其中Overinv1(Overinv2)指的是以营收增长率(市值证明比)衡量企业成长性估算出的过度投资水平。表6.10的第(1)列和第(3)列控制了行业固定效应和年度固定效应,第(2)列和第(4)列控制了公司固定效应和年度固定效应。表6.10的回归结果显示,股价高估显著地提升了企业的过度投资水平,这与股价高估降低企业创新产出形成了鲜明的对比。

综合表6.9与表6.10的结果,股价高估之所以不利于企业创新,是因为"加剧管理层短视"机制起了主导作用。股价高估时,尽管管理层利用股权融资缓解了融资约束,但在短视动机下,管理层更倾向于将资源投入到短期的资本支出项目中,因此不利于企业创新[②]。

表6.10 锚定比率如何影响下一年企业过度投资

变量	(1)	(2)	(3)	(4)
	Overinv1$_{t+1}$	Overinv1$_{t+1}$	Overinv2$_{t+1}$	Overinv2$_{t+1}$
RPR$_t$	0.015 4***	0.009 2**	0.013 4***	0.006 8
	(4.202 5)	(2.151 8)	(3.637 3)	(1.586 8)

---

① 公司还可能通过管理信息披露等其他方式维持股价,但相对而言,将资源投入短期资本项目是一种易于观察和识别的方法。

② 本书在附表4进一步考察了锚定比率(RPR)对企业R&D投入的影响。由于R&D数据在2012年之前缺失状况十分严重,利用企业2012—2016年的研发投入数据,本书并未发现锚定比率对企业R&D投入和R&D研发人员有显著影响。这一子样本的结果说明,以R&D数据和专利数据衡量创新会得到截然不同的发现。但这并不影响本书的主要结果,毕竟一方面R&D数据的缺失严重,另一方面R&D投入也无法准确衡量其他可能影响创新产出的不可观察因素。

续 表

变量	(1) $Overinv1_{t+1}$	(2) $Overinv1_{t+1}$	(3) $Overinv2_{t+1}$	(4) $Overinv2_{t+1}$
Lev_t	0.009 6***	−0.011 2**	0.010 1***	−0.011 4**
	(3.354 3)	(−2.104 5)	(3.589 6)	(−2.143 3)
$Size_t$	−0.000 0	−0.013 5***	−0.000 2	−0.013 2***
	(−0.049 9)	(−9.950 1)	(−0.437 1)	(−9.635 6)
Roa_t	0.070 2***	0.041 2***	0.073 6***	0.041 9***
	(7.449 2)	(3.339 3)	(7.751 8)	(3.353 1)
$Salesgrowth_t$	0.001 4*	0.001 2	0.001 4*	0.001 7*
	(1.748 3)	(1.277 5)	(1.800 6)	(1.913 2)
MB_t	0.000 5**	0.000 5*	0.000 0	0.000 1
	(2.491 8)	(1.716 8)	(0.233 4)	(0.531 6)
$Tangibility_t$	0.045 7***	0.003 2	0.047 1***	0.003 0
	(13.907 8)	(0.512 7)	(14.224 6)	(0.470 0)
HHI_t	0.014 3	0.015 4	0.015 0	0.017 1
	(1.032 4)	(0.904 9)	(1.069 2)	(0.997 2)
$Board_t$	0.000 4	−0.000 0	0.000 4*	−0.000 0
	(1.607 6)	(−0.080 5)	(1.655 3)	(−0.037 3)
$IndRatio_t$	0.006 2	−0.001 4	0.005 3	−0.001 8
	(0.796 6)	(−0.123 4)	(0.668 2)	(−0.152 6)
$Dual_t$	0.002 8***	0.000 5	0.003 0***	0.000 7
	(2.596 0)	(0.287 2)	(2.694 8)	(0.382 8)
MH_t	0.002 4	−0.003 2	0.002 5	−0.002 0
	(0.823 0)	(−0.343 0)	(0.868 9)	(−0.213 1)
_cons	−0.042 1***	0.298 4***	−0.036 0***	0.294 7***
	(−3.999 3)	(9.603 6)	(−3.405 2)	(9.393 2)
Industry	Yes	No	Yes	No
Firm	Yes	Yes	No	Yes
Year	Yes	Yes	Yes	Yes
Adj_R2	0.019 5	0.039 2	0.019 6	0.040 9
N	19 020	19 020	19 020	19 020

6.7 本章结论、政策建议与局限性

关于股价高估如何影响企业创新,目前的研究较少,且在研究设计上存在明显缺陷,使得结果并不具有说服力。理论上,"管理层短视"假说意味着股价高估不利于企业创新,"缓解融资约束"假说则认为股价高估可能促进创新。本章以 A 股上市公司 2002—2016 年的数据为样本,以锚定比率(RPR)这一新的事前指标衡量公司股价的高估水平,研究了股价高估对企业创新的影响及其作用机制。研究结果表明:股价高估对企业创新有显著的负面影响,这一结果在一系列稳健性检验包括工具变量检验后依然成立。考虑市值账面比、股票超额换手率和会计盈余水平较高时均可能意味着公司存在股价高估,本章分别按照这 3 个指标进行分组检验,结果进一步证实锚定比率对创新的负面影响在股价压力较大时更为明显。进一步的研究发现,股价高估提高了企业股权融资的概率,但股价高估也加剧了企业的过度投资行为。上述结果表明,股价高估时企业利用了市场错误估值进行股权融资,缓解了融资约束。但融资约束缓解后企业的创新产出反而下降,这说明股价高估的负面作用可能更大,即股价高估加剧了管理层短视,使得管理层将资源更多地投入到短期内能提升公司业绩的资本支出项目中,进而不利于企业创新。

基于上述研究,本章提出如下政策建议。第一,完善资本市场定价效率,提高股价的信息含量,有助于资本市场服务实体经济功能的发挥;要进一步完善我国资本市场的定价机制,尤其是进一步完善卖空机制,防止股价出现系统性高估。本章提出的锚定比率指标可以衡量股价高估,说明利用过去的股价信息可以预测未来的股价走势,这一结果表明中国资本市场的定价效率有待提高。第二,股价高估不利于企业创新的机制在于加剧了管理层短视,因此对经理人的考核需要更好地权衡短期业绩与企业创新,例如可以考虑将企业的专利产出水平作为管理层薪酬契约的组成部分,降低管理层的短视水平。

本章的研究也存在一定的局限性。因管理层薪酬契约属于企业自愿披露的内容,这使得本章无法从管理层动机角度进行分组检验,进而提供股价压力引发管理层短视的直接证据。此外,与目前常用的股价高估指标相比,本章提出的锚定比率

指标虽然可以免受反向因果问题的困扰,但我们也无法指出股价具体高估的程度,只能说明锚定比率较大可能意味着股价更为高估。此外,本书无法找到导致股价高估变化的外生冲击,因为寻找此种外生冲击极其困难。不过,本书依然尽可能尝试去解决内生性问题,读者可将本书的发现理解为股价高估时,管理层更倾向于进行股权融资和短期资本项目投资,而对创新的关注变少。后续研究可以尝试提出其他股价高估指标,或进一步探讨股价高估可能引发的经济后果及其形成原因。

本章参考文献

褚剑,方军雄,2016.中国式融资融券制度安排与股价崩盘风险的恶化[J].经济研究,51(5):143-158.

郝项超,梁琪,李政,2018.融资融券与企业创新:基于数量与质量视角的分析[J].经济研究,53(6):127-141.

孔东民,徐茗丽,孔高文,2017.企业内部薪酬差距与创新[J].经济研究,52(10):144-157.

黎文靖,郑曼妮,2016.实质性创新还是策略性创新?——宏观产业政策对微观企业创新的影响[J].经济研究,51(4):60-73.

李君平,徐龙炳,2015.资本市场错误定价、融资约束与公司融资方式选择[J].金融研究,(12):113-129.

刘行,叶康涛,2013.企业的避税活动会影响投资效率吗?[J].会计研究,(6):47-53,96.

刘慧龙,王成方,吴联生,2014.决策权配置、盈余管理与投资效率[J].经济研究,49(8):93-106.

陆蓉,何婧,崔晓蕾,2017.资本市场错误定价与产业结构调整[J].经济研究,52(11):104-118.

屈源育,沈涛,吴卫星,2018.上市公司壳价值与资源配置效率[J].会计研究,(3):50-56.

权小锋,尹洪英,2017.中国式卖空机制与公司创新——基于融资融券分步扩容的自然实验[J].管理世界,(1):128-144.

宋军,吴冲锋,2008.国际投资者对中国股票资产的价值偏好:来自 A-H 股和 A-B 股折扣率的证据[J].金融研究,(3):103-116.

许年行,江轩宇,伊志宏,等,2012.分析师利益冲突、乐观偏差与股价崩盘风险[J].经济研究,47(7):127-140.

杨道广,陈汉文,刘启亮,2017.媒体压力与企业创新[J].经济研究,52(8):125-139.

于忠泊,田高良,齐保垒,等,2011.媒体关注的公司治理机制——基于盈余管理视角的考察[J].管理世界,(9):127-140.

张杰,陈志远,杨连星,等,2015.中国创新补贴政策的绩效评估:理论与证据[J].经济研究,50(10):4-17,33.

张雪峰,2017.开放式基金投资行为及其影响因素研究[D].天津:天津商业大学.

张璇,刘贝贝,汪婷,等,2017.信贷寻租、融资约束与企业创新[J].经济研究,52(5):161-174.

张峥,李怡宗,张玉龙,等,2014.中国股市流动性间接指标的检验——基于买卖价差的实证分析[J].经济学(季刊),13(1):233-262.

赵国庆,王光辉,2019.资本市场错误定价与企业创新[J].商业经济与管理,(1):62-73.

周开国,卢允之,杨海生,2017.融资约束、创新能力与企业协同创新[J].经济研究,52(7):94-108.

朱冰,张晓亮,郑晓佳,2018.多个大股东与企业创新[J].管理世界,34(7):151-165.

ACHARYA V,SUBRAMANIAN K,2009. Bankruptcy codes and innovation [J]. Review of Financial Studies,22(2):4949-4988.

AGHION P,VAN REENEN J,ZINGALES L,2013. Innovation and institutional ownership[J]. American Economics Review,103(1):277-304.

AGHION P,BLOOM N,BLUNDELL R,et al,2005. Competition and innovation:An inverted-U relationship[J]. Quarterly Journal of Economics,120(2):701-728.

ANDRADE S C, BIAN J, BURCH T R, 2013. Analyst coverage, information, and bubbles[J]. Journal of Financial and Quantitative Analysis, 48(5): 1573-1605.

BAILEY W, CAI J, YAN L C, et al, 2009. Stock Returns, Order Imbalances, and Commonality: Evidence on Individual, Institutional, and Proprietary Investors in China[J]. Journal of Banking & Finance, 33(6): 9-19.

BAKER M, STEIN J C, WURGLER J, 2003. When Does the Market Matter? Stock Prices and the Investment of Equity-dependent Firms[J]. Quarterly Journal of Economics, 118(3):969-1005.

BHATTACHARYA U, HSU P H, TIAN X, et al, 2017. What affects innovation more: Policy or policy uncertainty? [J]. Journal of Financial and Quantitative Analysis, 52(5): 1869-1901.

BOND P, EDMANS A, GOLDSTEIN I, 2012. The Real Effects of Financial Markets[J]. Annual Review of Financial Economics, 4(1): 339-360.

BRAV A, JIANG W, MA S, et al, 2018. How does hedge fund activism reshape corporate innovation? [J]. Journal of Financial Economics, 130(2): 237-264.

BROWN J R, FAZZARI S M, PETERSEN B C, 2009. Financing Innovation and Growth: Cash Flow, External Equity and the 1990s R&D Boom[J]. Journal of Finance, 64(4): 151-185.

BUSHEE B, 1998. The influence of institutional investors on myopic R&D investment behavior[J]. The Accounting Review, 73(5): 305-333.

Campello M, Graham J R, 2013. Do Stock Prices Influence Corporate Decisions? Evidence from the Technology Bubble[J], Journal of Financial Economics, 107(1): 89-110.

CHAN K, CHAN Y C, 2014. Price informativeness and stock return synchronicity: Evidence from the pricing of seasoned equity offerings[J]. Journal of financial economics, 114(1): 36-53.

CHEMMANUR T J, TIAN X, 2018. Do Antitakeover Provisions Spur Corporate Innovation? A Regression Discontinuity Analysis [J]. Journal of

Financial and Quantitative Analysis, 156(3):1-32.

CHEMMANUR T J, LOUTSKINA E, TIAN X, 2014. Corporate Venture Capital, Value Creation, and Innovation[J]. Review of Financial Studies, 27(5): 2434-2473.

CHEN Q, GOLDSTEIN I, JIANG W, 2007. Price Informativeness and Investment Sensitivity to Stock Price[J]. Review of Financial Studies, 20(3): 619-650.

CHUNG T K, HUI C H, LI K F, 2013. Explaining share price disparity with parameter uncertainty: Evidence from Chinese A-and H-shares[J]. Journal of Banking & Finance, 37(3): 1073-1083.

DONG M, HIRSHLEIFER D A, 2018. Teoh S H. Stock Market Overvaluation, Moon Shots, and Corporate Innovation [J]. Working Paper.

FANG V, TIAN X, TICE S, 2014. Does stock liquidity enhance or impede firm innovation? [J]. Journal of Finance, 69(4): 2085-2125.

FU F, LIN L, OFFICER M S, 2013. Acquisitions driven by stock overvaluation: are they good deals? [J]. Journal of Financial Economics, 109(1): 24-39.

GRAHAM J R, HARVEY C R, RAJGOPAL S, 2005. The Economic Implications of Corporate Financial Reporting[J], Journal of Accounting and Economics, 40(2): 3-73.

GRAHAM J R, Harvey C R, 2001. The Theory and Practice of Corporate Finance: Evidence from the Field[J]. Journal of Financial Economics, 60(2-3):187-243.

GU Y, MAO C X, TIAN X, 2017. Bank Interventions and Firm Innovation: Evidence from Debt Covenant Violations [J]. Journal of Law and Economics, 60(4): 637-671.

Hall B H, Lerner J, 2010. The Financing of R&D and Innovation[J]. Hand Book of the Economics of Innovation, 1(1): 609-639.

He J, Tian X, 2013. The dark side of analyst coverage: The case of innovation [J]. Journal of Financial Economics, 109(3):856-878.

Holmstrom B, 1989. Agency costs and innovation[J]. Journal of Economic Behavior and Organization, 12(2): 305-327.

HSU P H, TIAN X, XU Y, 2014. Financial development and innovation: Cross-country evidence[J]. Journal of Financial Economics, 112(1): 116-135.

KIM W, WEISBACH M S, 2008. Motivations for Public Equity Offers: An International Perspective[J]. Journal of Financial Economics, 87(2): 281-307.

KONG D, LIN C, LIU S, 2017. Does Information Acquisition Alleviate Market Anomalies? Categorization Bias in Stock Splits[J]. Review of Finance, 23(1): 245-277.

LERNER J, SORENSEN M, STROMBERG P, 2011. Private equity and long-run investment: The case of innovation[J]. Journal of Finance, 66(3): 445-477.

LUONG H, MOSHIRIAN F, NGUYEN L, et al, 2017. How do foreign institutional investors enhance firm innovation? [J]. Journal of Financial and Quantitative Analysis, 52(4): 1449-1490.

MA Q, WHIDBEE D A, ZHANG W, 2019. Acquirer reference prices and acquisition performance[J]. Journal of Financial Economics, 132(1): 175-199.

MANSO G, 2011. Motivating innovation[J]. Journal of Finance, 66(5):1823-1860.

MATSUMOTO D A, 2002. Management's incentives to avoid negative earnings surprises[J]. The Accounting Review, 77(3): 483-514.

MEI J, SCHEINKMAN J, XIONG W, 2005. Speculative trading and stock prices: evidence from Chinese AB share premia[R]. Cambridge: National Bureau of Economic Research.

MITCHELL A P, 2009. Estimating standard errors in finance panel data sets: Comparing approaches[J]. Review of Financial Studies, 22(3): 435-480.

CHRIS P, PAOLA S, 2009. The stock market and corporate investment: A test of catering theory[J]. Review of Financial Studies, 22(2): 187-217.

PORTER M E, 1992. Capital disadvantage : America's failing capital in vestment system[J]. Harvard Business Review, 70(2): 65-82.

RHODES-KROPF M, ROBINSON D T, VISWANATHAN S, 2005. Valuation waves and merger activity: The empirical evidence[J]. Journal of Financial Economics, 77(3): 561-603.

RICHARDSON S, 2006. Over-investment of free cash flow[J]. Review of Accounting Studies, 11(2-3):159-189.

SERU A, 2014. Firm boundaries matter: Evidence from conglomerates and R&D activity[J]. Journal of Financial Economics, 111(2): 381-405.

BERNSTEIN S, 2015. Does Going Public Affect Innovation? [J]. Journal of Finance, 70(4): 1365-1403.

SHLEIFER A, VISHNY R, 1990. Equilibrium Short Horizons of Investors and Firms[J]. American Economic Review, 80(2): 148-153.

SOLOW R, 1957. Technological change and the aggregate production function [J]. Review of Economics and Statistics, 39(2): 312-320.

STEIN J, 1989, Efficient capital markets, inefficient firms: A model of myopic corporate behavior[J]. Quarterly Journal of Economics, 104(2): 655-669.

Stein Jeremy, 1988, Takeover threats and managerial myopia[J]. Journal of Political Economy, 96(1): 61-80.

STEIN J C, 1996. Rational Capital Budgeting in an Irrational World[J]. Journal of Business, 69(4) :429-455.

Stiglitz J E, Weiss A, 1981. Credit Rationing in Markets with Imperfect Information[J]. American Economic Review, 71(3): 393-410.

Tian X, Wang T W, 2014. Tolerance for failure and corporate innovation[J]. Review of Financial Studies, 27(2): 211-255.

Xiong W, 2013. Bubbles, crises, and heterogeneous beliefs[R]. Cambridge: National Bureau of Economic Research.

附　　录

附表1　控制股价高点的月份固定效应

变量	(1) lnPatent$_{t+1}$	(2) lnPatent$_{t+1}$	(3) lnIPatent$_{t+1}$	(4) lnUPatent$_{t+1}$
RPR$_t$	−0.287 1***	−0.171 3***	−0.090 4*	−0.137 9**
	(−4.934 6)	(−2.654 2)	(−1.896 9)	(−2.112 2)
Lev$_t$		−0.166 3*	−0.103 4	−0.129 0
		(−1.701 3)	(−1.472 3)	(−1.378 7)
Size$_t$		0.302 5***	0.215 3***	0.262 3***
		(9.184 9)	(8.910 7)	(8.418 2)
Roa$_t$		−0.395 8**	−0.396 7***	−0.224 4
		(−2.386 2)	(−3.437 1)	(−1.372 6)
Salesgrowth$_t$		−0.021 3*	−0.021 6**	−0.014 6
		(−1.699 2)	(−2.407 5)	(−1.171 8)
MB$_t$		0.002 4	0.003 0	0.000 2
		(0.837 3)	(1.472 5)	(0.067 5)
Tangibility$_t$		0.408 6***	0.277 1***	0.338 7***
		(3.497 5)	(3.326 0)	(3.039 0)
HHI$_t$		0.477 0*	0.674 9***	0.336 1
		(1.655 4)	(3.440 7)	(1.264 8)
Board$_t$		0.001 1	−0.002 7	0.004 8
		(0.101 9)	(−0.331 0)	(0.450 7)
IndRatio$_t$		0.045 2	−0.033 9	0.140 8

续 表

变量	(1) $\ln Patent_{t+1}$	(2) $\ln Patent_{t+1}$	(3) $\ln IPatent_{t+1}$	(4) $\ln UPatent_{t+1}$
$IndRatio_t$		(0.1711)	(−0.1510)	(0.5624)
$Dual_t$		−0.0211	−0.0195	−0.0233
		(−0.6311)	(−0.7067)	(−0.7094)
MH_t		−0.6424***	−0.5708***	−0.5934***
		(−2.7785)	(−2.9959)	(−2.8330)
_cons	0.9886***	−5.4738***	−4.2243***	−4.7758***
	(18.8846)	(−7.7181)	(−8.0653)	(−7.1240)
Firm	Yes	Yes	Yes	Yes
Year	Yes	Yes	Yes	Yes
Month	Yes	Yes	Yes	Yes
Adj_R2	0.7499	0.7576	0.6786	0.7296
N	21 133	21 133	21 133	21 133

附表 2　更换对股价高点锚定比率的度量指标

Panel A：以过去 200 个交易日的股价高点为基准

变量	(1) $\ln Patent_{t+1}$	(2) $\ln Patent_{t+1}$	(3) $\ln IPatent_{t+1}$	(4) $\ln UPatent_{t+1}$
$RPR200_t$	−0.2836***	−0.1685***	−0.1111***	−0.1569***
	(−4.8176)	(−2.9592)	(−2.6213)	(−2.7420)
Lev_t		−0.1658*	−0.1064	−0.1267
		(−1.6927)	(−1.5137)	(−1.3519)
$Size_t$		0.3035***	0.2168***	0.2628***
		(9.1927)	(8.9441)	(8.4097)
Roa_t		−0.4007**	−0.3988***	−0.2272
		(−2.4129)	(−3.4553)	(−1.3884)
$Salesgrowth_t$		−0.0217*	−0.0220**	−0.0151
		(−1.7334)	(−2.4369)	(−1.2083)
MB_t		0.0027	0.0030	0.0004
		(0.9380)	(1.5056)	(0.1276)
$Tangibility_t$		0.4085***	0.2755***	0.3398***
		(3.4871)	(3.3012)	(3.0386)

续 表

变量	(1) $\ln Patent_{t+1}$	(2) $\ln Patent_{t+1}$	(3) $\ln IPatent_{t+1}$	(4) $\ln UPatent_{t+1}$
HHI_t		0.465 1	0.668 6***	0.325 6
		(1.607 4)	(3.408 7)	(1.219 6)
$Board_t$		0.000 9	−0.002 7	0.004 5
		(0.082 4)	(−0.334 4)	(0.426 4)
$IndRatio_t$		0.037 8	−0.035 1	0.133 3
		(0.142 9)	(−0.156 4)	(0.533 0)
$Dual_t$		−0.021 3	−0.019 5	−0.023 7
		(−0.636 9)	(−0.708 3)	(−0.722 2)
MH_t		−0.636 9***	−0.570 6***	−0.590 3***
		(−2.747 3)	(−2.994 2)	(−2.808 4)
_cons	0.986 9***	−5.487 8***	−4.257 7***	−4.764 8***
	(18.594 5)	(−7.722 8)	(−8.110 2)	(−7.092 7)
Firm	Yes	Yes	Yes	Yes
Year	Yes	Yes	Yes	Yes
Adj_R2	0.749 9	0.757 5	0.678 6	0.729 5
N	21 133	21 133	21 133	21 133

Panel B：以过去 500 个交易日的股价高点为基准

变量	(1) $\ln Patent_{t+1}$	(2) $\ln Patent_{t+1}$	(3) $\ln IPatent_{t+1}$	(4) $\ln UPatent_{t+1}$
$RPR500_t$	−0.275 9***	−0.153 8***	−0.126 8***	−0.148 6***
	(−5.016 6)	(−2.895 3)	(−3.287 6)	(−2.807 1)
Lev_t		−0.164 5*	−0.097 9	−0.129 6
		(−1.674 3)	(−1.390 5)	(−1.378 3)
$Size_t$		0.301 1***	0.215 0***	0.260 7***
		(9.067 1)	(8.811 1)	(8.315 8)
Roa_t		−0.373 0**	−0.355 2***	−0.205 7
		(−2.250 7)	(−3.112 6)	(−1.262 4)
$Salesgrowth_t$		−0.022 1*	−0.022 1**	−0.015 3
		(−1.759 2)	(−2.429 7)	(−1.218 2)

续 表

变量	(1) lnPatent$_{t+1}$	(2) lnPatent$_{t+1}$	(3) lnIPatent$_{t+1}$	(4) lnUPatent$_{t+1}$
MB$_t$		0.002 6	0.003 3*	0.000 1
		(0.899 2)	(1.670 3)	(0.045 3)
Tangibility$_t$		0.409 1***	0.278 8***	0.339 4***
		(3.472 5)	(3.308 6)	(3.024 8)
HHI$_t$		0.461 9	0.676 3***	0.323 9
		(1.571 2)	(3.406 1)	(1.196 3)
Board$_t$		0.001 6	−0.001 8	0.005 1
		(0.144 3)	(−0.223 0)	(0.472 9)
IndRatio$_t$		0.052 2	−0.028 7	0.149 1
		(0.195 3)	(−0.126 4)	(0.592 5)
Dual$_t$		−0.016 7	−0.014 1	−0.019 4
		(−0.494 6)	(−0.506 0)	(−0.588 6)
MH$_t$		−0.608 6**	−0.584 5***	−0.556 0***
		(−2.559 4)	(−3.011 7)	(−2.583 4)
_cons	0.934 8***	−5.493 3***	−4.249 1***	−4.766 3***
	(21.591 5)	(−7.694 3)	(−8.041 2)	(−7.089 1)
Firm	Yes	Yes	Yes	Yes
Year	Yes	Yes	Yes	Yes
Adj_R2	0.750 3	0.757 6	0.679 7	0.729 8
N	20 835	20 835	20 835	20 835

附表 3　股价低点的锚定比率对企业创新的影响

变量	(1) lnPatent$_{t+1}$	(2) lnPatent$_{t+1}$	(3) lnIPatent$_{t+1}$	(4) lnUPatent$_{t+1}$
RPR_L$_t$	−0.016 2	0.009 3	−0.001 9	0.003 3
	(−1.417 1)	(0.771 3)	(−0.200 0)	(0.272 3)
Lev$_t$		−0.170 5*	−0.108 0	−0.130 1
		(−1.738 1)	(−1.533 4)	(−1.385 3)
Size$_t$		0.305 4***	0.218 1***	0.264 6***
		(9.241 1)	(8.984 6)	(8.455 2)

续 表

变量	(1) $\ln\text{Patent}_{t+1}$	(2) $\ln\text{Patent}_{t+1}$	(3) $\ln\text{IPatent}_{t+1}$	(4) $\ln\text{UPatent}_{t+1}$
Roa_t		−0.478 4***	−0.442 8***	−0.294 7*
		(−2.859 3)	(−3.804 3)	(−1.794 9)
Salesgrowth_t		−0.024 1*	−0.023 1**	−0.017 0
		(−1.922 0)	(−2.560 9)	(−1.358 0)
MB_t		0.001 2	0.002 5	−0.000 8
		(0.388 2)	(1.199 7)	(−0.256 3)
Tangibility_t		0.410 8***	0.276 5***	0.341 6***
		(3.499 0)	(3.308 8)	(3.048 8)
HHI_t		0.450 0	0.657 6***	0.310 9
		(1.547 4)	(3.336 1)	(1.158 8)
Board_t		0.001 0	−0.002 7	0.004 6
		(0.091 1)	(−0.328 0)	(0.433 7)
IndRatio_t		0.038 7	−0.036 5	0.132 9
		(0.146 2)	(−0.162 4)	(0.530 7)
Dual_t		−0.021 9	−0.019 8	−0.024 2
		(−0.654 5)	(−0.718 7)	(−0.736 7)
MH_t		−0.636 4***	−0.572 3***	−0.591 3***
		(−2.741 7)	(−2.995 0)	(−2.811 1)
_cons	0.802 2***	−5.649 6***	−4.356 9***	−4.910 5***
	(22.087 0)	(−7.975 4)	(−8.323 1)	(−7.325 3)
Firm	Yes	Yes	Yes	Yes
Year	Yes	Yes	Yes	Yes
Adj_R2	0.749 5	0.757 3	0.678 4	0.729 3
N	21 133	21 133	21 133	21 133

附表 4　同时加入股价高点和股价低点的锚定比率

变量	(1) $\ln\text{Patent}_{t+1}$	(2) $\ln\text{Patent}_{t+1}$	(3) $\ln\text{IPatent}_{t+1}$	(4) $\ln\text{UPatent}_{t+1}$
RPR_t	−0.299 1***	−0.198 1***	−0.126 7***	−0.173 3***
	(−4.768 6)	(−3.325 5)	(−2.919 4)	(−2.899 1)

续 表

变量	(1) $\ln Patent_{t+1}$	(2) $\ln Patent_{t+1}$	(3) $\ln IPatent_{t+1}$	(4) $\ln UPatent_{t+1}$
RPR_L_t	0.007 7	0.023 4*	0.007 1	0.015 6
	(0.628 2)	(1.828 2)	(0.709 0)	(1.226 3)
Lev_t		−0.169 0*	−0.107 0	−0.128 7
		(−1.722 6)	(−1.520 2)	(−1.370 9)
$Size_t$		0.302 7***	0.216 4***	0.262 2***
		(9.171 2)	(8.923 6)	(8.393 1)
Roa_t		−0.407 1**	−0.397 3***	−0.232 4
		(−2.455 2)	(−3.443 3)	(−1.423 5)
$Salesgrowth_t$		−0.022 6*	−0.022 1**	−0.015 7
		(−1.800 3)	(−2.455 0)	(−1.251 4)
MB_t		0.001 6	0.002 7	−0.000 4
		(0.522 9)	(1.324 9)	(−0.137 2)
$Tangibility_t$		0.410 0***	0.276 0***	0.340 9***
		(3.498 1)	(3.306 3)	(3.047 3)
HHI_t		0.470 2	0.670 6***	0.328 6
		(1.623 6)	(3.416 5)	(1.229 2)
$Board_t$		0.000 9	−0.002 7	0.004 5
		(0.081 6)	(−0.336 3)	(0.425 4)
$IndRatio_t$		0.043 9	−0.033 2	0.137 4
		(0.165 9)	(−0.147 6)	(0.549 4)
$Dual_t$		−0.021 5	−0.019 5	−0.023 8
		(−0.642 4)	(−0.709 1)	(−0.725 7)
MH_t		−0.633 2***	−0.570 2***	−0.588 4***
		(−2.733 4)	(−2.991 6)	(−2.799 5)
_cons	0.988 4***	−5.474 5***	−4.244 9***	−4.757 4***
	(18.887 0)	(−7.708 4)	(−8.089 4)	(−7.086 0)
Firm	Yes	Yes	Yes	Yes
Year	Yes	Yes	Yes	Yes
Adj_R2	0.749 9	0.757 5	0.678 6	0.729 5
N	21 133	21 133	21 133	21 133

附表 5 控制股价波动率

变量	(1) $\ln Patent_{t+1}$	(2) $\ln Patent_{t+1}$	(3) $\ln IPatent_{t+1}$	(4) $\ln UPatent_{t+1}$
RPR_t	−0.2926***	−0.1668***	−0.1135***	−0.1545***
	(−5.0407)	(−2.9781)	(−2.7316)	(−2.7415)
VOL_t	−0.2764	0.0056	0.1263	−0.0674
	(−1.4728)	(0.0304)	(1.1220)	(−0.3647)
Lev_t		−0.1650*	−0.1062	−0.1258
		(−1.6861)	(−1.5103)	(−1.3430)
$Size_t$		0.3032***	0.2168***	0.2624***
		(9.1810)	(8.9422)	(8.3970)
Roa_t		−0.3995**	−0.3962***	−0.2266
		(−2.4100)	(−3.4367)	(−1.3887)
$Salesgrowth_t$		−0.0216*	−0.0224**	−0.0147
		(−1.7255)	(−2.4843)	(−1.1780)
MB_t		0.0027	0.0029	0.0005
		(0.9315)	(1.4335)	(0.1605)
$Tangibility_t$		0.4088***	0.2755***	0.3401***
		(3.4895)	(3.3018)	(3.0418)
HHI_t		0.4643	0.6703***	0.3238
		(1.6043)	(3.4169)	(1.2127)
$Board_t$		0.0009	−0.0027	0.0045
		(0.0805)	(−0.3347)	(0.4239)
$IndRatio_t$		0.0380	−0.0343	0.1331
		(0.1435)	(−0.1528)	(0.5321)
$Dual_t$		−0.0213	−0.0196	−0.0237
		(−0.6361)	(−0.7106)	(−0.7197)
MH_t		−0.6388***	−0.5711***	−0.5926***
		(−2.7548)	(−2.9968)	(−2.8180)
_cons	1.0052***	−5.4830***	−4.2605***	−4.7556***
	(19.2224)	(−7.7142)	(−8.1190)	(−7.0812)
Firm	Yes	Yes	Yes	Yes
Year	Yes	Yes	Yes	Yes
Adj_R2	0.7499	0.7574	0.6786	0.7295
N	21133	21133	21133	21133

附表6　以 Tobin_Q 替换 MB 衡量公司估值水平

变量	(1) $\ln Patent_{t+1}$	(2) $\ln Patent_{t+1}$	(3) $\ln IPatent_{t+1}$	(4) $\ln UPatent_{t+1}$
RPR_t	−0.2871***	−0.1853***	−0.1354***	−0.1765***
	(−4.9346)	(−3.2174)	(−3.1632)	(−3.0385)
$Tobin\_Q_t$		0.0154*	0.0143**	0.0112
		(1.8824)	(2.3525)	(1.3348)
Lev_t		−0.1511	−0.1047	−0.1146
		(−1.5364)	(−1.4892)	(−1.2128)
$Size_t$		0.3127***	0.2253***	0.2723***
		(8.8141)	(8.6456)	(8.0756)
Roa_t		−0.4368***	−0.4428***	−0.2489
		(−2.5889)	(−3.7966)	(−1.5006)
$Salesgrowth_t$		−0.0222*	−0.0235***	−0.0160
		(−1.7846)	(−2.6474)	(−1.2794)
$Tangibility_t$		0.4131***	0.2740***	0.3529***
		(3.5371)	(3.3244)	(3.1427)
HHI_t		0.4245	0.6463***	0.2873
		(1.4659)	(3.2691)	(1.0777)
$Board_t$		−0.0002	−0.0036	0.0039
		(−0.0219)	(−0.4378)	(0.3631)
$IndRatio_t$		0.0450	−0.0328	0.1280
		(0.1694)	(−0.1449)	(0.5087)
$Dual_t$		−0.0222	−0.0184	−0.0240
		(−0.6630)	(−0.6672)	(−0.7314)
MH_t		−0.6181***	−0.5713***	−0.5722***
		(−2.6435)	(−3.0276)	(−2.6943)
_cons	0.9886***	−5.6867***	−4.4267***	−4.9699***
	(18.8846)	(−7.4663)	(−7.8638)	(−6.8793)
Firm	Yes	Yes	Yes	Yes
Year	Yes	Yes	Yes	Yes
Adj_R2	0.7499	0.7577	0.6791	0.7297
N	21133	20825	20825	20825

附表 7 控制股票流动性

变量	(1) $\ln Patent_{t+1}$	(2) $\ln Patent_{t+1}$	(3) $\ln IPatent_{t+1}$	(4) $\ln UPatent_{t+1}$
RPR_t	−0.286 3***	−0.166 8***	−0.117 1***	−0.152 4***
	(−4.926 0)	(−2.976 9)	(−2.836 1)	(−2.697 4)
$Illiq_t$	0.014 7***	0.017 7**	0.016 0**	0.017 4*
	(2.796 5)	(2.126 8)	(2.238 7)	(1.907 3)
Lev_t		−0.166 9*	−0.107 5	−0.128 0
		(−1.703 9)	(−1.536 4)	(−1.363 7)
$Size_t$		0.304 3***	0.217 5***	0.263 6***
		(9.210 7)	(8.959 9)	(8.442 1)
Roa_t		−0.389 5**	−0.386 0***	−0.217 6
		(−2.351 8)	(−3.353 7)	(−1.332 6)
$Salesgrowth_t$		−0.021 2*	−0.021 4**	−0.014 6
		(−1.690 9)	(−2.376 9)	(−1.169 1)
MB_t		0.002 7	0.003 0	0.000 3
		(0.942 0)	(1.540 4)	(0.122 2)
$Tangibility_t$		0.410 4***	0.277 0***	0.341 6***
		(3.502 9)	(3.315 1)	(3.056 7)
HHI_t		0.464 2	0.668 7***	0.324 6
		(1.607 0)	(3.416 9)	(1.218 2)
$Board_t$		0.001 2	−0.002 4	0.004 9
		(0.112 4)	(−0.298 2)	(0.457 1)
$IndRatio_t$		0.047 7	−0.026 2	0.143 0
		(0.180 0)	(−0.116 1)	(0.572 0)
$Dual_t$		−0.020 3	−0.018 6	−0.022 7
		(−0.607 1)	(−0.675 3)	(−0.692 6)
MH_t		−0.636 2***	−0.569 5***	−0.589 6***
		(−2.746 4)	(−2.992 1)	(−2.806 3)
_cons	0.981 1***	−5.520 1***	−4.281 3***	−4.799 6***
	(18.731 8)	(−7.758 3)	(−8.128 3)	(−7.151 8)
Firm	Yes	Yes	Yes	Yes
Year	Yes	Yes	Yes	Yes
Adj_R2	0.750 0	0.757 6	0.678 8	0.729 6
N	21 133	21 133	21 133	21 133

附表8 锚定比率与未来两期创新的关系

变量	(1) $lnPatent_{t+2}$	(2) $lnPatent_{t+2}$	(3) $lnIPatent_{t+2}$	(4) $lnUPatent_{t+2}$
RPR_t	−0.1865***	−0.0895	−0.0850*	−0.1127*
	(−3.0436)	(−1.5059)	(−1.8874)	(−1.8869)
Lev_t		−0.1141	−0.1146	−0.0648
		(−1.1012)	(−1.5560)	(−0.6530)
$Size_t$		0.2944***	0.2162***	0.2560***
		(8.5179)	(8.1432)	(7.7607)
Roa_t		−0.0181	−0.2661**	0.1869
		(−0.1058)	(−2.2224)	(1.1065)
$Salesgrowth_t$		−0.0035	−0.0034	−0.0038
		(−0.2646)	(−0.3812)	(−0.2919)
MB_t		0.0006	0.0022	0.0005
		(0.2051)	(1.0253)	(0.1483)
$Tangibility_t$		0.4335***	0.3383***	0.3426***
		(3.5697)	(3.9602)	(2.9652)
HHI_t		0.3907	0.6406***	0.1997
		(1.2848)	(3.1177)	(0.6928)
$Board_t$		−0.0038	0.0032	−0.0079
		(−0.3369)	(0.3785)	(−0.7195)
$IndRatio_t$		0.1359	0.1386	0.1570
		(0.5023)	(0.5619)	(0.6001)
$Dual_t$		−0.0203	0.0222	−0.0274
		(−0.5624)	(0.7524)	(−0.7655)
MH_t		−0.5931**	−0.6397***	−0.4919**
		(−2.5167)	(−2.9902)	(−2.1267)
_cons	0.9610***	−5.3274***	−4.3134***	−4.5832***
	(17.8265)	(−7.1448)	(−7.4507)	(−6.4732)
Firm	Yes	Yes	Yes	Yes
Year	Yes	Yes	Yes	Yes
Adj_R2	0.7624	0.7690	0.6980	0.7411
N	18 574	18 574	18 574	18 574

附表 9 锚定比率与企业的研发投入（2012 年后样本）

变量	(1) 研发投入占比 RD_{t+1}	(2) 研发人员占比 $RDPerson_{t+1}$
RPR_t	−0.163 4	0.626 5
	(−0.657 4)	(0.759 5)
Lev_t	−0.044 8	−0.006 5
	(−1.095 8)	(−0.064 7)
$Size_t$	−2.343 0***	0.282 9
	(−4.004 2)	(0.170 7)
Roa_t	0.097 8	0.057 3
	(0.617 6)	(0.121 9)
$Salesgrowth_t$	0.752 1	4.805 4*
	(0.606 6)	(1.682 6)
MB_t	−0.304 8***	−0.643 9*
	(−4.873 9)	(−1.883 9)
$Tangibility_t$	−0.448 0	−2.062 7
	(−0.812 2)	(−1.093 9)
HHI_t	−0.096 8	−15.201 7**
	(−0.045 8)	(−2.225 5)
$Board_t$	0.040 0	−0.016 5
	(1.031 1)	(−0.119 4)
$IndRatio_t$	−1.148 8	−1.984 3
	(−1.245 9)	(−0.555 3)
$Dual_t$	−0.050 9	−0.355 4
	(−0.399 9)	(−0.819 3)
MH_t	0.461 4	−2.884 0
	(0.660 4)	(−1.363 9)
_cons	3.330 7	16.560 0
	(0.975 8)	(1.539 0)
Firm	Yes	Yes
Year	Yes	Yes
Adj_R2	0.849 5	0.915 7
N	8 625	5 301